Früchte

KÖSTLICHE REZEPTE
AUS DEM OBSTGARTEN

CHRISTEL ROSENFELD

Früchte

KÖSTLICHE REZEPTE AUS DEM OBSTGARTEN

DUMONT

Die Deutsche Bibliothek – CIP-Einheitsaufnahme

Früchte : köstliche Rezepte aus dem Obstgarten /
Christel Rosenfeld. [Texte von Cornelia Schinharl] . – Köln : DuMont, 2000
ISBN 3-7701-5034-1
NE: Rosenfeld, Christel; Schinharl, Cornelia

Originalausgabe

Texte von Cornelia Schinharl
Satz und Layout: DuMont Buchverlag, Köln
Druck und buchbinderische Verarbeitung: Neue Stalling, Oldenburg
Printed in Germany
ISBN 3-7701-5034-1

INHALT

Die Früchte in alphabetischer Reihenfolge

MEIN REICH GEFÜLLTER OBSTKORB

VORWORT VON CHRISTEL ROSENFELD

Noch mehr als Gemüse sind Früchte für mich ein vollkommenes Geschenk der Natur. Sie sprechen alle Sinne an – duften verführerisch, schmecken roh und gegart intensiv und sehen einfach toll aus. Und sie gedeihen nicht nur im Garten, sondern wachsen auch im Wald und auf der Heide, und das alles ohne große Pflege.
Allein schon ihre Blütenpracht bringt mich jedes Jahr wieder zum Staunen über die Schönheit der Natur. Gibt es etwas Schöneres als einen blühenden Apfelbaum? Die wunderbar zarten und dennoch kräftigen Blüten, das emsige Summen der Bienen stimmen mich fröhlich und sind wie die ersten leuchtend roten Erdbeeren eine der schönsten Freuden des Frühlings.
Im Sommer wird der Reichtum dann besonders groß: Kirschen und Aprikosen und allerlei Beeren werden reif. Gerne denke ich dann an meine Kindheit zurück, an Ausflüge mit den Eltern. An die vielen süßen Früchtchen, die von der Hand direkt in den Mund wanderten. Und doch war das Spankörbchen am Ende prall gefüllt mit Blaubeeren, Brombeeren und Himbeeren. Und auch der feine Duft kommt mir in den Sinn von Kompott und Konfitüren, die später zu Hause daraus gemacht wurden. Und die ebenfalls zum Naschen einluden.
Im Herbst dann, wenn das Licht eine neue Klarheit bekommt und die Farben in der Natur satt und reif werden, bekommen auch die Äpfel ihre roten Bäckchen und lassen die leise Trauer über den verschwindenden Sommer fast vergessen.
Kein Wunder also, dass mich als Fotografin die verlockenden Früchte, die nicht nur bei mir zu Hause im eigenen Garten wachsen, sondern die ich auch an Wald- und Feldrändern, an Scheunen und wilden Hecken finde, immer wieder zu neuen Bildern anregen, sei es an Ort und Stelle oder im Studio, wo es mir großen Spaß macht, die verlockende Pracht zu bunten Stillleben zu arrangieren.
Aber damit ist das Vergnügen bei weitem nicht zu Ende, denn was kann man nicht alles anstellen mit den feinen Früchtchen! Fast alle laden zum Reinbeißen ein, denn die meisten Früchte schmecken roh ganz ausgezeichnet. Aber mich als begeisterte Köchin fordern sie natürlich auch zu immer neuen Experimenten heraus. Schließlich lassen sie sich zu viel mehr verarbeiten als nur zu Kuchen und Konfitüre – wenngleich auch die aus der eigenen Küche echte Delikatessen sind. Kombiniert mit Fleisch und Geflügel, als pikante Sauce oder aromatische Ingredienz in der Suppe, sind Früchte eine echte Bereicherung der Küche.
Besonders freuen würde ich mich, wenn Sie durch die Gerichte in diesem Buch nicht nur zu begeisterten »Fruchtköchen« würden, sondern auch selbst zu Experimenten angeregt werden. Denn Früchte sind so vielseitig, dass sie in der Küche keine Langeweile aufkommen lassen!

ÄPFEL

»An apple a day keeps the doctor away.« Was der Volksmund schon lange weiß, wurde auch von der Wissenschaft untermauert. Äpfel sind ausgesprochen gesund und ganz zu Recht unser absolutes Lieblingsobst.

Die Urheimat des sortenreichen Baumobstes liegt zwischen Schwarzem Meer und Kaspischem Meer, heute wächst es jedoch in allen Erdteilen. Geerntet wird von August bis in den November hinein. Die sogenannten Frühäpfel wie Prim Rouge, Gala, Gala Royal, Goldparmäne und Delbar sind nicht lagerfähig und müssen rasch nach dem Pflücken gegessen werden. Je später der Erntezeitpunkt liegt, desto länger lassen sich die Äpfel lagern, in einem kühlen, trockenen Raum vielfach sogar über den ganzen Winter hinweg.

Ohnehin unterscheidet man bei Äpfeln die Pflückreife und die Genußreife. Pflückreif sind die Äpfel, wenn sich der Stiel schon bei leichtem Anheben der Frucht löst. Genußreif sind sie dann, wenn sie optimal schmecken, und das kann bei späten Sorten einige Wochen nach der Ernte sein.

Im Handel werden die Äpfel in Kühlhäusern gelagert, so dass sie nicht weiter reifen. Wenn man keinen kühlen und dunklen Raum hat, ist es daher besser, immer nur die Menge zu kaufen, die man innerhalb von ein bis zwei Wochen auch isst.

Die meisten Äpfel schmecken roh und gekocht. Zum Rohessen die Äpfel am besten nur gründlich waschen und nicht schälen, denn sowohl Vitamin C als auch die in Äpfeln enthaltenen Flavonoide – sogenannte bioaktive Substanzen, die das Herz schützen – sitzen in oder direkt unter der Schale. Außerdem enthalten Äpfel den Mineralstoff Kalium sowie Pektin, einen löslichen Ballaststoff, der sich positiv auf den Cholesterinspiegel auswirkt.

Ein weiterer Inhaltsstoff mit Folgen ist das Äthylen, das die Äpfel beim Reifen ausscheiden. Es bewirkt nicht nur das Reifen der Äpfel, sondern auch das anderer Lebensmittel in der Umgebung. Äpfel also am besten getrennt lagern oder aber sich diese Tatsache zunutze machen. Beispielsweise, wenn Sie einmal unreife Avocados gekauft haben, werden diese schneller weich, wenn Sie sie zu den Äpfeln in die Obstschale legen.

Zum Backen und Kochen eignen sich am besten säuerliche Äpfel, wie zum Beispiel der Boskop, der auch fast als einziger Apfel roh nicht so gut schmeckt. Zum Rohessen kauft man am besten die Sorten Elstar, Jonagold, Cox Orange, James Grieve und neuerdings den Braeburn, der aus Neuseeland stammt, inzwischen aber auch in Frankreich und Italien versuchsweise angebaut wird.

Zum Kochen und Backen die Äpfel am besten vierteln und das Kerngehäuse aus der Mitte herausschneiden. Damit das Apfelfleisch nicht braun wird, kann man es mit Zitronensaft beträufeln.

Apfel-Backpflaumen-Kuchen

Für 6–8 Personen

350 g Mürbeteig, Rezept s. S. 140
650 g säuerliche Äpfel (Boskop)
250 g Backpflaumen, entsteint
200 ml Weißwein
4 EL Honig
2 TL Vanillezucker
1 Becher Crème Fraîche
1/2 TL Zimt
1 Eigelb

Backpflaumen 3 Std. in Weißwein einweichen. Ein Backblech in den Ofen schieben. Ofen auf 180° C vorheizen. Zwei Drittel des Mürbeteigs ausrollen und damit eine 26-cm-Springform auslegen, Rand überstehen lassen, kühl stellen. Äpfel schälen, in dünne Scheiben schneiden. Backpflaumen abtropfen lassen. Apfelscheiben und Backpflaumen auf dem Teigboden verteilen. Honig, Vanillezucker, Zimt und Crème Fraîche miteinander verschlagen und darübergießen. Teigrest ausrollen, in Streifen schneiden und als Gitter über die Füllung legen, die Streifenenden mit Eigelb am Rand befestigen. Mit Eigelb bestreichen und auf dem heißen Backblech 45–50 Min. backen. Warm oder lauwarm mit Schlagsahne servieren.

Dünne Apfeltorte

Tarte Normande

250 g Mürbeteig, Rezept s. S. 140
3 feste säuerliche Äpfel
3 EL flüssige Butter
3 EL Calvados
Saft von 1/2 Zitrone
3 EL Aprikosenmarmelade

Backblech in den Backofen schieben. Ofen auf 190° C vorheizen. Mürbeteig sehr dünn ausrollen und in einer 26 cm Springform auslegen. Nur einen kleinen Rand stehen lassen. Äpfel schälen und in dünne Scheiben schneiden, mit Zitronensaft beträufeln und fächerförmig auf dem Teigboden auslegen, mit flüssiger Butter bepinseln und mit Calvados begießen. 30–40 Min. auf dem heißen Blech backen. Aprikosenmarmelade erwärmen und sofort nach dem Backen den Kuchen damit glasieren.

Apfel-Pekannuss-Torte

300 g Mürbeteig, Rezept s. S. 140
200 g Butter
100 g hellbrauner Zucker
2 EL Honig
200 ml Crème Fraîche
200 g Pekannüsse oder Walnüsse
4 mittelgroße Äpfel, ca. 400 g
100 g getrocknete Aprikosen
3 kleine Eier
230 ml Schlagsahne

Den Backofen auf 180° C vorheizen. Mürbeteig ausrollen, den Boden einer 26 cm Springform damit belegen und 8–10 Min. vorbacken. Teigreste für den Rand kühl stellen.
Butter in einem Topf zum Schmelzen bringen, Crème Fraîche, Zucker und Honig zufügen, bei niedriger Temperatur etwa 1 Min. köcheln lassen, dabei umrühren. Topf vom Herd nehmen und die Pekannüsse zugeben und verrühren, etwas abkühlen lassen. Aprikosen in feine Streifen schneiden, Äpfel schälen und würfeln, Eier verschlagen, dann alles zusammen in den Topf geben. Teigrand am Boden ansetzen, Füllung darauf verteilen und 30–40 Min. backen. Gut abkühlen lassen, mit Schlagsahne servieren.

Marzipanrührkuchen mit Äpfeln

4 säuerliche Äpfel, ca. 500 g
125 g Marzipanrohmasse
150 g weiche Butter
100 g Zucker oder Honig
1 EL Vanillezucker, Rezept s. S. 140
1 unbehandelte Zitrone
3 Eier
100 g Weizenmehl
50 g Speisestärke
2 TL Backpulver
1 Prise Salz
100 g gemahlene Mandeln
2 EL Sahne

Zitronenschale abreiben. Äpfel schälen, vierteln, entkernen und in Scheiben schneiden, mit etwas Zitronensaft beträufeln und etwas durchziehen lassen. Marzipan fein würfeln und zusammen mit Vanillezucker, Honig und Butter cremig rühren, Zitronenschale und Salz zugeben, nach und nach die Eier unterschlagen. Mehl, Stärkemehl und Backpulver sieben und kurz unterrühren, dann die Mandeln und zum Schluss die Sahne unterrühren. Den Teig in eine 26 cm Springform füllen, glattstreichen, Apfelscheiben ringförmig in den Teig setzen, mit dem restlichen Zitronensaft beträufeln und bei 180° C 45–60 Min. backen. Eventuell nach 45 Min. mit Alufolie abdecken. Schmeckt gut lauwarm mit kalter Schlagsahne.

Apfel-Quark-Taschen

ca. 15 Stück

500 g säuerliche Äpfel, z.B. Boskop
Saft von 1 Zitrone
2 EL Honig
50 g Mohn, frisch gemahlen
200 g Mehl
1 TL Backpulver
100 g Quark
4 EL Sahne
4 EL Sonnenblumenöl
1 TL Zimt
50 g Zucker
1 EL Vanillezucker, Rezept s. S. 140
Puderzucker zum Bestäuben

Äpfel schälen, entkernen, würfeln und zusammen mit Zitronensaft und Honig zugedeckt ca. 2 Min. dünsten, mit Mohn mischen, beiseite stellen.

Mehl und Backpulver sieben und mit Quark, Sahne, Öl, Zimt, Zucker und Vanillezucker verkneten. 30 Min. ruhen lassen. Teig ca. 2 mm dünn ausrollen, Rechtecke schneiden, Apfel-Mohn-Mischung auf je einer Hälfte der Rechtecke verteilen, Teigränder mit Eiweiß einpinseln und die zweiteHälfte der Teigrechtecke über die Füllung klappen, die Ränder andrücken. Mit Eigelb bestreichen. Bei 200° C 10–15 Min. backen. Mit Puderzucker bestäubt warm servieren.

Bayerische Creme mit Äpfeln

8 Portionen

350 ml Apfelsaft
5 Eigelb
30 g Zucker
4 Blatt Gelatine, in kaltem Wasser eingeweicht
500 g säuerliche Äpfel
Saft von 1 Zitrone
40 g Butter
50 ml Calvados
100 g Puderzucker
3 Eiweiß
2 Becher Schlagsahne

Apfelsaft in einem Topf um 1/3 einkochen. Eigelb mit Zucker schaumig schlagen. Den heißen Apfelsaft unter ständigem Rühren in die Eiermischung geben, dann alles in den Topf zurückgießen und unter ständigem Rühren auf kleiner Flamme erhitzen, bis die Flüssigkeit dicklich wird, nicht kochen lassen. Topf vom Herd nehmen und die ausgedrückte Gelatine einrühren. Bei Zimmertemperatur abkühlen lassen. Äpfel schälen, entkernen, würfeln und mit Zitronensaft beträufeln. Ca. 100 g zu Apfelmus kochen, den Rest der Würfel mit 50 g Puderzucker 4 Min. in Butter dünsten. Calvados zugeben und mit den Apfelwürfeln vermischen. Abkühlen lassen. Eiweiß mit 50 g Puderzucker zu Eischnee schlagen. Sahne schlagen, aber nicht zu steif.

Apfelmasse in die Eiercreme rühren, dann zuerst den Eischnee und zum Schluss die Sahne unterheben.

In Portionsschalen füllen und im Kühlschrank 4 Std. abkühlen lassen.

Apfel-Zwiebel-Gemüse

500 g Zwiebeln
2 EL Olivenöl
600 g säuerliche Äpfel, z.B. Boskop oder Kochäpfel
1 Bund frischer Thymian, fein gehackt
1 Lorbeerblatt
Zitronensaft
1 TL Honig
Salz, Pfeffer aus dem Mörser

Zwiebeln in feine Ringe schneiden. 2 EL Öl erhitzen, Zwiebeln, Lorbeerblatt, Thymian und Honig bei niedriger Temperatur 15 Min. dünsten. Nicht braun werden lassen. Äpfel schälen, entkernen und in Scheiben schneiden. Falls die Äpfel zu süß sind, mit Zitronensaft beträufeln. Apfelscheiben zu den Zwiebelringen in den Topf geben, salzen, alles vermengen und zusammen noch 10 Min. weiterdünsten. Mit Salz, Pfeffer, Honig und Zitronensaft abschmecken. Schmeckt gut zu Lammkoteletts und Leber.

Apfel-Kürbis-Suppe

Für 4 Personen

Äpfel schälen, entkernen, würfeln und mit Zitronensaft beträufeln. Butter in einem Topf erhitzen, Zwiebeln und Knoblauch darin glasig dünsten, nicht bräunen. Kürbis und Äpfel zufügen, 2 Min. andünsten, Hühnerbrühe angießen, salzen, ca. 15 Min. auf mittlerer Hitze zugedeckt garen. Mit dem Pürierstab pürieren, mit Pfeffer, Salz und Muskat abschmecken. Mit Minze und Petersilie bestreut servieren, Joghurt mit Crème Fraîche verrühren und dazu reichen.

24 säuerliche Äpfel, ca. 500 g
Saft von 1 Zitrone
2 Zwiebeln, fein gewürfelt
2 Knoblauchzehen, gewürfelt
50 g Kürbiswürfel, ohne Kerne und Schale
40 g Butter
3/4 l Hühnerbrühe
1 Prise Muskatnuss, frisch gerieben
Salz und Pfeffer
1/2 Bund Minze, gehackt
1/2 Bund glatte Petersilie, gehackt
100 g Joghurt
100 g Crème Fraîche

Steinpilzrisotto mit Äpfeln

Für 4 Personen

Steinpilze mindestens 2 Std. einweichen. Abtropfen lassen, hacken. Einweichwasser durch einen Kaffeefilter laufen lassen und aufheben. Äpfel schälen, entkernen und würfeln, dann mit der abgeriebenen Zitronenschale und dem Saft der Zitrone in 1 EL Butter 1–2 Min. dünsten, beiseite stellen. Pilzeinweichwasser und Hühnerbrühe zusammengießen und erhitzen. Schalotten in 3 EL Butter glasig dünsten, Reis zufügen und unterrühren, ca. 3 Min. dünsten, dann die Pilze einrühren, mit Weißwein auffüllen, rühren und köcheln lassen, bis der Weißwein absorbiert ist. Mit etwas Brühe aufgießen, weiterrühren, bis der Reis die Brühe aufgesogen hat. Den Vorgang wiederholen, bis die Brühe verbraucht ist. Der Reis sollte, wenn er nach 20 Min. gar ist, cremig sein. Zum Schluss 2 EL Butter, die Apfelwürfel und den Parmesan unterrühren, mit Salz und frisch gestoßenem Pfeffer abschmecken. Mit Petersilie bestreut servieren, eventuell zusätzlich noch geriebenen Parmesan.

40 g getrocknete Steinpilze
3 mittelgroße Dessertäpfel
6 EL Butter
1 unbehandelte Zitrone
1 l Hühnerbrühe, gesalzen
250 g Schalotten, fein gewürfelt
250 g Risottoreis
125 ml trockener Weißwein
60 g Parmesan, frisch gerieben
1 Bund glatte Petersilie, gehackt
Salz und Pfeffer

Gebackener St. Petersfisch mit Äpfeln

Für 4 Personen

Zwiebeln in Ringe und Fenchel in dünne Scheiben schneiden. Beides in Öl 10 Min. andünsten. Kartoffeln mit der Schale ca. 15 Min. fast gar kochen, pellen und in dünne Scheiben schneiden. Zwiebel-Fenchel-Mischung auf dem Boden einer großen, flachen Auflaufform verteilen, salzen und pfeffern. Kartoffelscheiben darauf verteilen, ebenfalls würzen. Fischfilets darauf legen, salzen. Äpfel schälen, entkernen und in dünne Scheiben schneiden, auf dem Fisch verteilen und mit dem Saft von 1/2 Zitrone beträufeln. Salzen und pfeffern. Cider auf dem Herd zum Kochen bringen, in die Auflaufform gießen, diese dann mit Alufolie abdecken und im 230° C heißen Backofen 15–20 Min. backen bis der Fisch gar ist. Eventuell noch 5 Min. ohne Folie weiterbacken.
Kochflüssigkeit aus der Form in einen Topf gießen, ca. 5 Min. einkochen, Crème Fraîche einrühren, alles nochmal mit Salz, Pfeffer und Zitronensaft abschmecken. Gemüse und Fisch in tiefe Teller geben, Fenchelgrün darüber streuen und mit der heißen Sauce angießen. Dazu Weißbrot.

1 großes Bund Frühlingszwiebeln
1 Fenchelknolle
4 EL Olivenöl
600 g festkochende Kartoffeln
750 g St. Petersfischfilets
4 säuerliche Äpfel, ca. 500 g
700 ml trockener Cider
200 ml Crème Fraîche
Fenchelgrün, gehackt
1 Zitrone
Salz und Pfeffer

BIRNEN

Uralt wie der Apfel, mindestens so fein in Geschmack und Aussehen und dennoch bei unseren heimischen Obstbauern nicht ganz so beliebt. Und das aus verständlichen Gründen, stellt der Birnbaum doch beim Anbau größere Anforderungen als der genügsame Apfelbaum und ist die Frucht zudem viel empfindlicher: Sie ist druckempfindlich, fault an angeschlagenen Stellen leicht und lässt sich lange nicht so gut lagern wie der Apfel.

Das dürfte auch der Grund dafür sein, dass viele Birnen erst gar nicht in den Fruchthandel kommen, sondern in der Konservenindustrie verarbeitet oder auch zu Obstwasser destilliert werden. Besonders begehrt: der Edel-Obstbranntwein aus der Williams Birne.

Der Ursprung der Birne liegt im Kaukasus, in Anatolien und Transkaukasien. Heute werden die aromatischen Früchte überall auf der Welt geerntet, zu uns kommen sie jedoch hauptsächlich aus Frankreich, Italien, Spanien, Argentinien und Südafrika.

Mit einer ähnlichen Zusammensetzung wie die Äpfel sind Birnen noch reicher an Mineralstoffen – vor allem Kalium und Phosphor.

Birnen reifen nach der Ernte nach und halten sich je nach Sorte von zwei Wochen bis zu einem bis vier Monate (vor allem die saftige und feine Sorte Conference zeichnet sich durch eine relativ lange Haltbarkeit aus). Wer Birnen lagern möchte, legt sie nebeneinander (Druckstellen vermeiden) in einen kühlen Keller oder eine kühle Speisekammer. Die ersten Birnen auf dem Markt sind die Sorten Limoneras aus Spanien und Dr. Charles Guyot aus Frankreich. Bei beiden ist es relativ schwierig, den optimalen Zeitpunkt zum Essen herauszufinden: Zuerst sind sie grün und geschmacklos, dann werden sie gelb, aber auch rasch mehlig. Gut hingegen ist die Santa Maria aus Italien – ebenfalls eine Frühsorte, die sowohl grün als auch vollreif ausgezeichnet schmeckt.

Zum Rohessen besonders gut sind die Sorten Anjou, Gute Luise, Clapps Liebling, Gellerts Butterbirne, Conference und Vereinsdechantsbirne. Gekocht schmecken Gute Luise, Williams Christ (die aber auch roh schmeckt), Abate Fetel und Kaiser Alexander oder Boscs Flaschenbirne, die zu den besten Kochbirnen zählt.

Die meisten Birnen werden – egal ob roh oder gegart genossen – geschält. Alle faulen oder braunen Stellen sollte man immer großzügig ausschneiden, da sie Schimmelpilze enthalten können.

Birnen schmecken übrigens nicht nur als Zwischenmahlzeit oder Kuchenbelag, sondern auch besonders gut – statt Dessert – mit einem würzigen Käse, zum Beispiel Roquefort oder einem anderen Blauschimmelkäse.

Birnen-Mandelcreme-Tarte

300 g süßer Mürbeteig, Rezept s. S. 140
120 g Butter
100 g Honig
2 Eier
150 g gemahlene Mandeln
2 EL dunkler Rum
1 EL Mehl
6–7 Birnenhälften, in Weißwein gekocht, Rezept s. S. 18

Mürbeteig ausrollen, damit den Boden einer 26-cm-Springform auslegen. Zusammen mit den Teigresten für den Rand 20 Min. kühl stellen. Boden bei 200° C 10 Min. vorbacken, abkühlen lassen. Butter und Honig schaumig rühren, Eier nacheinander unterrühren. Mandeln und Rum zugeben und verrühren, zuletzt das Mehl. Teigrand ansetzen, Mandelfüllung auf den Boden streichen. Birnenhälften abtropfen lassen, der Länge nach in 3 Stücke zerteilen und mit etwas Abstand sternförmig in die Creme drücken. Die Mitte mit kurzen Stücken füllen. Bei 175° C 35–45 Min. goldbraun backen.
Inzwischen 100 ml Birnensud zu Sirup einkochen und damit den fertigen, warmen Kuchen glasieren. Auf Zimmertemperatur abkühlen lassen und mit Schlagsahne servieren.

Schokoladen-Birnen-Tarte mit Nüssen

300 g süßer Mürbeteig, Rezept s. S. 140
100 g zartbittere Schokolade
75 g Butter
100 g Zucker
100 g heller Sirup
1 EL Vanillezucker, Rezept s. S. 140
3 Eier
150 g Pekan- oder Walnüsse, grob gehackt
6 Birnenhälften in Weißwein gekocht, Rezept s. S. 18

Mürbeteig ausrollen, damit den Boden einer 26-cm-Springform auslegen, zusammen mit den Teigresten für den Rand kühl stellen. Schokolade und Butter in einem Topf bei schwacher Hitze vorsichtig schmelzen. Zucker, Sirup und Vanillezucker in einem zweiten Topf zum Kochen bringen, unter ständigem Rühren 2 Min. kochen lassen, vom Herd nehmen. Eier kurz schlagen und mit der Schokoladenmischung verrühren, dann die Zucker-Sirup-Mischung und die Nüsse zugeben, abkühlen lassen. Teigboden bei 200° C 10 Min. im Backofen vorbacken, abkühlen lassen. Teigrand ansetzen, Schokoladenmischung einfüllen. Birnenhälften längs dritteln und mit etwas Zwischenraum in die Füllung drücken. Bei 180° C 35–45 Min. backen. Auf Zimmertemperatur abkühlen lassen. Mit Schlagsahne servieren.

Birneneiscreme

Für 4 Personen

400 g reife Birnen
50 g Honig
1/2 Vanilleschote
50 ml Weißwein
6 EL Zitronensaft
4 Eigelb
50 g Zucker
200 ml Schlagsahne

Birnen schälen, halbieren, entkernen, in Scheiben schneiden und zusammen mit Honig, einer aufgeschnittenen Vanilleschote, Zitronensaft und Weißwein ca. 5 Min. dünsten. Birnen herausheben, Saft um die Hälfte einkochen. Birnen mit dem Saft pürieren und abkühlen lassen. Eigelb und Zucker schaumig schlagen, Sahne währenddessen aufkochen und nach und nach in die Eiermischung schlagen. Das Ganze über einem heißen Wasserbad mit dem Schneebesen so lange schlagen, bis die Masse dicklich wird, dann mit dem Birnenpüree vermischen und abkühlen lassen. In der Eismaschine 20–30 Min. kaltrühre, oder im Tiefkühlfach gefrieren lassen (Anleitung s. S. 140).

Birnen in Weißwein

400 ml trockener Weißwein
1 unbehandelte kleine Zitrone
60 g Zucker
1 Vanilleschote, aufgeschlitzt
1 Zimtstange
6 reife, aber feste Birnen

Zitronenschale sehr dünn abschälen, Saft auspressen, mit Weißwein, Zucker, Vanilleschote und Zimtstange zum Kochen bringen, die geschälten und entkernten Birnenhälften dazugeben und alles zusammen bei sehr geringer Hitze 20–30 Min. köcheln lassen. Birnen herausheben und in eine Schale legen, Kochsud um die Hälfte einkochen, bis ein leichter Sirup entstanden ist. Birnen damit übergießen und 6–8 Std. durchziehen lassen. Zimmerwarm servieren. Dazu schmeckt Crème Fraîche, Vanille- oder Birneneis und Schlagsahne.

Birnensuppe mit Stilton

Für 4 Personen

4 Schalotten
20 g Butter
4 reife Birnen
500 ml Hühnerbrühe
125 g Stilton
2 EL Crème Fraîche
Saft von 1 Zitrone
1 Paket Kresse
Salz und Pfeffer

Schalotten fein würfeln und in der Butter glasig dünsten, nicht bräunen. Birnen währenddessen schälen, vierteln, entkernen und in Scheiben oder Stücke schneiden. Zu den Schalotten in den Topf geben, kurz andünsten, heiße Brühe zugießen und mit etwas Salz und Pfeffer würzen. Köcheln lassen, bis die Birnen sehr weich sind. Sodann pürieren, vorsichtig erhitzen, die Suppe nicht kochen lassen, Stilton darin schmelzen, die Crème Fraîche zufügen, mit Salz, Pfeffer und Zitronensaft abschmecken, mit Kresse bestreut servieren.

Hühnercremesuppe mit Birnen

Für 6 Personen

1 kleines Huhn
1 Bund Suppenkraut
1 Lorbeerblatt
1/2 Bund Salbei
750 g mehligkochende Kartoffeln
300 g Lauch
4 große, reife Birnen
2 EL Butter
Saft von 1 Zitrone
250 ml Sahne
3 Salbeiblätter
Honig, Salz, Pfeffer

Das Huhn zusammen mit geputztem Suppenkraut, Lorbeerblatt und Salbei in kaltem Wasser aufsetzen und 30–45 Min. kochen, bis das Fleisch gar ist. Huhn beiseite stellen, Brühe durch ein Sieb gießen, ebenfalls beiseite stellen. Kartoffeln schälen und würfeln, Lauch in Ringe schneiden, Birnen schälen, Kerngehäuse entfernen und würfeln. Butter in einem schweren Topf erhitzen, Gemüse und Obst darin ca. 10 Min. andünsten. 1/2 l heiße Brühe, etwas Zitronensaft, Salz und Pfeffer zufügen und alles 15 Min. köcheln lassen, bis Obst und Gemüse weich sind. Zusammen mit der Sahne pürieren, mit heißer Brühe auffüllen, bis die gewünschte Konsistenz erreicht ist. Hühnerfleisch vom Knochen lösen und von der Haut befreien, in Würfel schneiden und in die Suppe geben, nochmals vorsichtig erhitzen, nicht kochen. Mit Zitronensaft, eventuell etwas Honig, Salz und frisch zerstoßenem Pfeffer abschmecken. Kurz vor dem Servieren mit in Streifen geschnittenen Salbeiblättern bestreuen. Dazu Weißbrot reichen.

Avocado-Birnen-Salat

Für 4 Personen

50 g Pekannüsse
150 g Gorgonzola
Saft von 1/2 Zitrone
2 reife Avocados
4 Birnen, ca. 500 g
1 Bund Wasserkresse

Vinaigrette:
3 EL Apfelessig
1 TL Honig
4 EL Walnussöl
Salz und Pfeffer

Pekannüsse in einer beschichteten Pfanne ohne Fett anrösten, oder 8–10 Min. im Backofen bei 180° C, dann grob hacken. Gorgonzola 10–20 Min. ins Gefrierfach legen, danach in kleine Würfel schneiden. Vinaigrette aus Apfelessig, Honig, Salz, Pfeffer und Walnussöl herstellen. Avocados und Birnen ohne Schale und Kerngehäuse in dünne Scheiben schneiden und mit Zitronensaft beträufeln. Kresse auf 4 Teller verteilen, Avocado- und Birnenscheiben darauf anrichten, mit Walnüssen und Gorgonzola bestreuen und mit der Vinaigrette beträufeln.

Rote-Bete-Birnen-Salat mit Schafskäse

Für 4 Personen

ca. 700 g Rote Bete
2 Bund Rucola, Feldsalat oder Winterportulak
3 reife Birnen, ca. 450 g
100 g Schafskäse, zerkrümelt
50 g Walnusskerne, grob gehackt

Vinaigrette:
70 ml Himbeeressig
150 ml Olivenöl Extra Vergine
1/2 TL Salz
1/2 TL Honig

Rote Bete waschen, nicht schälen. Entweder 60–90 Min. in Wasser kochen, besser jedoch 3–4 Std. bei 150° C im Backofen backen. Abkühlen lassen. Rote Bete schälen und in dünne Scheiben schneiden. Birnen schälen, halbieren, entkernen, ebenfalls in dünne Scheiben schneiden. Rucola, Rote-Bete- und Birnenscheiben auf 4 Teller verteilen, mit Schafskäse und Walnüssen bestreuen. Die Zutaten der Vinaigrette verrühren und über den Salat träufeln. Mit Weißbrot servieren.

Wirsing mit Birne

800 g Wirsingkohl
4 reife, aber feste Birnen
2 EL Zitronensaft
4 EL Butter
Salz, Pfeffer aus dem Mörser

Wirsing in einzelne Blätter teilen, dicke Mittelrippen rausschneiden. Blätter im kochenden Salzwasser 2 Min. blanchieren, abtropfen lassen und in Streifen schneiden. Birnen schälen, vierteln, entkernen, in kleine Scheiben schneiden und mit Zitronensaft beträufeln. 2 EL Butter in einem schweren Topf erhitzen, Birnenscheiben darin ca. 1 Min. dünsten, Wirsing dazugeben, würzen, alles gut verrühren und zugedeckt 5 Min. bei niedriger Temperatur köcheln lassen. 2 EL Butter unterrühren und sofort servieren. Passt gut zu Wild und gebratenem Fleisch.

Blätterteig-Birnen-Tarte mit Ziegenkäse

Für 4 Personen

400 g tiefgekühlter Blätterteig
4 reife Birnen, 700–800 g
160 g Ziegenkäse
3 Eier
60 ml Sahne
100 ml Weißwein
Saft von 1 Zitrone
1 EL Honig
1 Eigelb
Salz, Pfeffer aus dem Mörser

Blätterteig ausrollen, damit eine 26-cm-Backform auslegen, überhängenden Teig nicht abschneiden. 30 Min. kühl stellen. Backblech auf die mittlere Einschubleiste schieben, Ofen auf 200° C vorheizen. Birnen schälen, halbieren, entkernen, längs in Scheiben schneiden, mit etwas Zitronensaft beträufeln. 80 g Ziegenkäse pürieren, mit Eiern, Weißwein, Honig, Sahne und 2 EL Zitronensaft verschlagen. Mit Salz und Pfeffer abschmecken. Birnenscheiben fächerförmig auf dem Teigboden auslegen, mit der Eiermischung begießen, den restlichen Ziegenkäse zerbröckeln und darauf verteilen.
Überhängenden Teigrand über die Füllung legen und mit Eigelb bestreichen. Form auf das heiße Blech stellen und ca. 30 Min. backen.

QUITTEN

Mit Äpfeln und Birnen lassen sich Quitten nicht so leicht in einen Obstkorb werfen, obwohl sie botanisch gesehen zur gleichen Gruppe gehören. Denn die kaum erwerbsmäßig angebauten Früchte blühen viel später als ihre Verwandten und können – bis auf wenige südliche Früchte mit weichem Fleisch, die aber bei uns nicht im Handel sind – nicht roh gegessen werden. Mit beiden Verwandten gemeinsam hingegen hat die Quitte die Form, und wird daher auch je nach Erscheinungsbild Apfel- oder Birnenquitte genannt.
Das Fleisch der Apfelquitte ist trockener und härter und schmeckt zudem etwas weniger aromatisch als das der Birnenquitte. Die Schale aller Quitten ist grün bis goldgelb, vollreife Früchte leuchten einladend zitronengelb. Die Reife der Früchte erkennen Sie allerdings weniger an der Farbe als am angenehmen und ausgesprochen intensiven Duft. Früher hat man sich dieses feine Aroma auch im Kleiderschrank zunutze gemacht und statt dem heute üblichen Lavendel ein paar Quitten zwischen der Wäsche verteilt.
Angeboten werden Quitten meist von September bis November. Halten Sie am besten nach einheimischen Früchten Ausschau, zum Beispiel auf regionalen Wochenmärkten oder auch im Bioladen, wo das saisonale Angebot oft besonders groß ist. Die importierten Quitten, die meist aus der Türkei kommen, sind in der Regel nicht so aromatisch. Auch das wiederum erkennen Sie am Duft, diesmal am nicht vorhandenen.

Quitten enthalten Zucker und Fruchtsäuren (Wein- und Apfelsäure), Vitamin C und die Mineralstoffe Kalium, Calcium und Phosphor. Wie Äpfel zeichnen sie sich durch einen hohen Pektingehalt aus, einem löslichen Ballaststoff, der gegen einen hohen Cholesterinspiegel hilft. Darüber hinaus ist Pektin ein ausgezeichnetes Geliermittel. Pektinreiche Früchte können daher mit weniger Zucker zu Marmelade und Gelee verarbeitet werden als solche, die kaum Pektin enthalten.
Vor dem Garen werden die Quitten mit einem Tuch abgerieben, um den feinen Flaum auf der Schale zu entfernen, der sich beim Waschen nicht ganz so gut ablösen lässt.
Quitten können mit der Schale gekocht werden. Um anschließend Kerne und alle harten Kernhausteile zu entfernen, streicht man sie durch ein nicht zu feines Sieb. Etwas mehr Arbeit, weil das Fruchtfleisch sehr hart ist, macht das Putzen der rohen Früchte. Nach dem Abreiben vierteln und das Kerngehäuse herausschneiden. Dann das Fruchtfleisch kochen und zermusen. Wer nur auf den Saft Wert legt, kocht die Früchte mit etwas mehr Flüssigkeit, gibt das Fruchtfleisch in ein Tuch und dreht dieses kräftig zusammen, damit der Saft auslaufen kann.

Quitten-Quark-Torte

300 g süßer Mürbeteig, Rezept s. S. 140
400 g Quittenmus
500 g Quark
100 ml Crème Fraîche
3 Eier
150 g Honig oder Zucker
1 EL Stärkemehl
Puderzucker zum Bestäuben

Mürbeteig ausrollen, damit den Boden einer 22-cm-Springform auslegen und bei 200° C 8–10 Min. vorbacken. Abkühlen lassen. Teigreste für den Rand kühl stellen. Quark und Quittenmus vermischen, Crème Fraîche einrühren, geschlagene Eier, Honig und Stärkemehl dazugeben, alles gut miteinander verrühren. Teigrand an den vorgebackenen Boden setzen. Quitten-Quark-Füllung in die Form gießen. Bei 180° C 45–55 Min. backen. Auf Zimmertemperatur abkühlen lassen. Mit Schlagsahne servieren.

Quitten-Apfel-Kuchen

300 g süßer Mürbeteig, Rezept s. S. 140
500 g Quittenmus
3–4 Boskopäpfel, ca. 600 g
100 g Zucker
4 EL Aprikosenmarmelade
2 EL Zitronensaft

Mürbeteig ausrollen, damit den Boden einer 26-cm-Springform belegen und zusammen mit den Teigresten ca. 30 Min. kühl stellen. Boden bei 200° C 10 Min. vorbacken, abkühlen lassen. Teigrand ansetzen, Quittenmus auf den Teigboden streichen. Äpfel schälen, vierteln, entkernen und in dünne Scheiben schneiden. Apfelscheiben einander überlappend ringförmig auf das Mus legen. Mit Zucker bestreuen und bei 180° 30–40 Min. backen. Aprikosenmarmelade und Zitronensaft leicht erwärmen, damit die Apfelscheiben leicht glasieren. Lauwarm oder kalt mit Schlagsahne servieren.

Quitten-Vanille-Pudding

400 g Quitten
80 g Zucker
100 ml Apfelsaft
400 ml Sahne
4 Eigelb
1 Vanillestange, längs halbiert, Mark ausgekratzt
50 g flüssiger Honig

Quitten schälen, vierteln, entkernen und in Scheiben schneiden, zusammen mit Zucker und Apfelsaft 30–40 Min. sanft köcheln lassen, bis die Quitten weich sind. Auf vier kleine Souffléschalen verteilen. Rührschüssel in einen Topf mit kochendem Wasser hängen, Schüsselboden knapp über dem Wasser, darin Sahne, Eigelb, Vanillemark und Honig 5–10 Min. schlagen, bis die Creme dicklich wird. Dann über das Quittenkompott gießen. Schalen in einen Bräter stellen und den Bräter 2,5 cm hoch mit Wasser auffüllen. Bei 140° C ca. 60 Min. backen.

Quittenbrot

1 kg Quitten
1 1/2 l Apfelsaft
1 unbehandelte Zitrone
ca. 1 kg Zucker

Quitten waschen, sorgfältig abreiben, in kleine Stücke schneiden und mit Zitronenschale und -saft in einen emaillierten Topf geben, mit Apfelsaft auffüllen, bis alles bedeckt ist. 30–45 Min. kochen. Durch ein Sieb passieren, die Menge des Fruchtfleisches abmessen, dann pro 500 ml Püree 300 g Zucker zugeben. Püree und Zucker in einem Topf langsam zum Kochen bringen und rühren, bis sich der Zucker aufgelöst hat. Bei schwacher Hitze ohne Deckel 2 1/2–3 Std. köcheln lassen. Öfter umrühren, damit nichts anbrennt. Püree dicklich einkochen. Backblech mit Backpapier auslegen und das Püree darauf ca. 2 cm dick ausstreichen. Abkühlen lassen, dann bei niedriger Temperatur 12–24 Std. im Backofen trocknen lassen, Kochlöffel in die Backofentür klemmen, damit Feuchtigkeit entweichen kann. Brot vom Backpapier lösen, in Stücke schneiden und mit feinem Zucker bestäuben. In einer gut schließenden Dose zwischen Pergamentpapierlagen aufheben. Oder ganz mit Zucker bedecken und den Zucker später als Würzzucker verwenden.

BLAUBEEREN

Warum sie so genannt werden, leuchtet jedem ein, der als Kind mit Eltern oder Großeltern mit einem kleinen Eimerchen bewaffnet zum Blaubeer(Heidelbeer)-suchen in den Wald ging. Der größte Teil der süßen und kräftig gefärbten Früchte wanderte nicht in den Eimer, sondern direkt in den Mund und hinterließ verdächtig blaurote Spuren im Gesicht und auf der Kleidung.

Die Heimat der kleinen süß-aromatischen Beere sind die Wälder, Hochmoore und Heiden Eurasiens und Nordamerikas, in Deutschland wachsen die besten wilden Beeren im Bayerischen Wald und in der Oberpfalz. Noch immer werden die wilden Waldheidelbeeren verkauft; das Sammeln der Wildfrüchte ist jedoch ziemlich mühsam, und die Beeren werden daher nicht im Überfluss und auch nicht gerade preiswert angeboten. Inzwischen sind allerdings hauptsächlich Kulturheidelbeeren im Angebot. Sie sind innen nicht so intensiv gefärbt, größer und viel süßer (enthalten bis zur Hälfte mehr Zucker als die wilden), schmecken aber bei weitem nicht so fein und aromatisch.

Heidelbeeren wachsen an bis zu 50 cm hohen Halbsträuchern, die reifen Früchte werden von Juni bis September angeboten, die meisten kommen aus den Balkanländern, Polen, Österreich und Frankreich zu uns.

Heidelbeeren enthalten reichlich Fruchtsäuren, unter anderen Apfel- und Zitronensäure, den Mineralstoff Eisen, Gerbstoffe (gut gegen Durchfall) und Vitamin C sowie Karotinoide.

Getrocknete Heidelbeeren (gibt's in der Apotheke) sind übrigens ein altes Hausmittel gegen Durchfall. Man setzt 2 EL Heidelbeeren mit 1/2 l kaltem Wasser auf den Herd und bringt das Ganze zum Kochen. Etwa 10 Minuten köcheln lassen, dann absieben. Davon mehrmals täglich ein kleines Gläschen lauwarm trinken.

Wie alle Beeren sind auch Heidelbeeren sehr empfindlich, lassen sich nach dem Sammeln allenfalls einen bis zwei Tage im Kühlschrank aufbewahren. Dann gut verlesen und in stehendem kaltem Wasser gut waschen. Vertrocknete Beeren wie auch die Blätter schwimmen dabei nach oben und lassen sich mit einem Schaumlöffel abheben. Das gründliche Waschen der wild gesammelten Beeren ist auch deshalb wichtig, weil sie mit dem Fuchsbandwurm infiziert sein können. Danach gut abtropfen lassen und roh essen – besonders gut mit Zucker und Milch oder Sahne –, im Pfannkuchen verbacken, zu Kompott kochen oder vieles mehr.

Blaubeer-Gittertorte

Scharze Johannisbeeren leicht zerquetschen und mit Blaubeeren, Zitronenschale und -saft, Zucker und Likör vermischen, 2–3 Std. durchziehen lassen. Haselnüsse im Backofen 10–15 Min. bei 180° C rösten. Danach sofort in ein Küchentuch schütten und mit dem Tuch die Haut abreiben, dann die Nüsse mahlen. Mehl und Zucker mischen, Ei in die Mitte setzen, Butter und Nüsse rundherum verteilen. Mit einem großen Küchenmesser alles rasch durchhacken, dann mit den Fingern alles zügig zu einem Teig verkneten, dabei eventuell Eiswasser zufügen, falls der Teig zu trocken ist. Im Kühlschrank 1 Std. ruhen lassen. Teig ausrollen, ein Viertel für das Gitter reservieren. Boden einer 26-cm-Springform belegen und zusammen mit dem Teigrest für Rand und Gitter 30 Min. in den Kühlschrank stellen. Teigboden bei 200° C 10–15 Min. vorbacken, abkühlen lassen. Teigrand ansetzen, Gitterstreifen schneiden. Beerenmischung auf dem Boden verteilen. Saft etwas einkochen, falls es zu viel ist, und dann über die Beeren gießen. Gitter ansetzen, mit Eigelb bestreichen. Torte bei 180° C 40–50 Min. backen. Mit Puderzucker bestreut lauwarm oder kalt servieren. Dazu Schlagsahne und/oder Vanilleeis reichen.

600 g Blaubeeren
100 g schwarze Johannisbeeren
50 ml Drambuie
90 g Zucker
Saft und abgeriebene Schale von
1 kleinen Zitrone
100 g Haselnüsse
200 g feines Vollkornmehl
30 g Zucker
120 g kalte Butter
1 Ei
Eiswasser
1 Eigelb
Puderzucker zum Bestäuben

Blaubeer-Muffins

12–15 Stück

Zucker, Mehl, Backpulver und Vanillezucker zusammensieben. Eier, Joghurt, Zitronenschale und geschmolzene Butter verrühren und mit der Mehlmischung zügig verrühren. Blaubeeren und Walnüsse unterheben. Teig auf 12–15 Papierförmchen verteilen und bei 180° C 20–30 Min. backen. Noch warm servieren.

300 g feines Vollkornmehl
150 g Zucker
3 TL Backpulver
1 EL Vanillezucker, Rezept s. S. 140
3 Eier
200 ml Joghurt
1 unbehandelte Zitrone
60 g Butter, geschmolzen
300 g Blaubeeren
100 g Walnüsse, grob gehackt
Papierförmchen, ca. 6 cm Durchmesser

Blaubeer-Buttermilch-Eis

Blaubeeren mit Honig und Zitronensaft vermischen, in einem Topf kurz erhitzen, abkühlen lassen, mit Buttermilch und der geschlagenen Sahne pürieren. Gut kühlen, dann in der Eismaschine gefrieren lassen oder im Gefrierfach (Anleitung s. S. 140). Mit frischen Blaubeeren und eventuell Schlagsahne servieren.

400 g Blaubeeren
Saft von 1/2 Zitrone
150 g flüssiger Honig
250 ml Buttermilch
100 ml Sahne
300 g Blaubeeren zum Servieren

Salat mit dicken Bohnen und Blaubeeren

Für 6–8 Personen

Dicke Bohnen 3–5 Min. blanchieren, gut abtropfen lassen. Vinaigrettezutaten verschlagen und die dicken Bohnen darin 1 Std. ziehen lassen. Gurke schälen und klein schneiden, Eisbergsalat zerpflücken, mit den Blaubeeren unter die Bohnen mischen. Mit Basilikum bestreut servieren.

700 g gepalte dicke Bohnen
1 Gurke
1 Eisbergsalat
300 g Blaubeeren

Vinaigrette:
150–200 ml Olivenöl Extra Vergine
Saft von 1/2–1 Zitrone
1/2–1 TL flüssiger Honig
1 Knoblauchzehe, zerdrückt
Salz, Pfeffer aus dem Mörser
1 Bund Basilikum

BROMBEEREN

Zu den Schlusslichtern unter den Beeren gehören die Brombeeren, allerdings wirklich nur, was das Reifwerden betrifft. Im August, wenn alle anderen Beeren schon fast wieder aus den Gemüseläden verschwunden sind, beginnen sie erst reif zu werden, und das Angebot hält sich dann bis zu den ersten Frösten im Herbst aufrecht.

Ursprünglich stammen die Brombeeren aus den Wäldern Eurasiens und Nordamerikas, wo sie auch heute noch sowohl in der Wildform als auch in der Kulturform vorkommen.

Die meisten der angebotenen Beeren stammen leider nicht mehr von wilden Sträuchern, die Kulturbrombeeren kommen vor allem aus dem Bayerischen Wald und der Oberpfalz, aber auch aus den Balkanländern.

Die etwa 2 cm großen Früchte schmecken fein-säuerlich und aromatisch – wie immer bei den Beeren übertreffen die wilden die kultivierten im Geschmack um ein Vielfaches.

Brombeeren sind besonders reich an Provitamin A (Karotin) sowie an Vitamin C. Wie alle anderen Beeren sind auch Brombeeren eher sensibel im Umgang, sie mögen keinen Druck, keine allzugroße Wärme nach der Ernte und überhaupt keine langen Lagerzeiten. Vor allem verträgt die Brombeere auch keine langen Transportwege, ein Grund, möglichst nach Beeren aus der näheren Umgebung Ausschau zu halten. Beeren, die einen längeren Weg zurücklegen mussten, wurde meist chemisch etwas nachgeholfen! Am besten sammeln Sie sie selbst an Wald-, Feld- und Wegrändern. Einfach ab August auf jedem Waldspaziergang ein kleines Körbchen zum Sammeln mitnehmen.

Im Kühlschrank halten sich Brombeeren allenfalls drei bis vier Tage frisch. Vor dem Verzehr werden sie gewaschen, am besten in einem Sieb abgebraust und gut trockengetupft. Dann kann man sie entweder roh essen oder aber zu Marmelade, Gelee oder Kompott kochen, aber auch zum Backen und Belegen von Kuchen verwenden.

Brombeeren lassen sich gut tiefgefrieren, am besten auf einem Tablett vorfrieren und dann erst in Gefrierbeutel füllen, damit sie nicht zusammenkleben. Aber nicht erschrecken: Die Beeren verändern durch die Tiefgefrierung ihre Farbe, werden eher violett als schwarz.

Brombeer-Apfel-Pie

400 g süßer Mürbeteig, Rezept s. S. 140
2 Kochäpfel, ca. 800 g (Boskop)
600 g Brombeeren
200 g Zucker
Saft von 1/2 Zitrone
1/2 TL Zimt
1 Eigelb

Die Hälfte des Mürbeteigs ausrollen und damit den Boden einer 26-cm-Springform belegen, dann zusammen mit den Teigresten 30 Min. kühl stellen. Boden mehrfach mit einer Gabel einstechen, ca. 10 Min. bei 200° C vorbacken. Abkühlen lassen. Äpfel schälen, vierteln, Kerngehäuse entfernen, in dünne Scheiben schneiden und mit Zitronensaft beträufeln. Apfelschalen, Kerngehäuse, 200 g Brombeeren, Zucker und Zimt unter Rühren in einem Topf erhitzen, einkochen und durch ein Sieb passieren. Es sollte etwa 150 ml dicker Sirup übrig sein. Apfelscheiben und 400 g Brombeeren vermischen. Restlichen Teig ausrollen, Deckel ausschneiden, die Teigreste als Rand an den vorgebackenen Boden setzen. Früchte in die Form füllen, Sirup darübergießen und mit dem Teigdeckel belegen, dabei Rand und Deckel vorsichtig andrücken. Loch in die Mitte schneiden. Pie eventuell mit Teigresten dekorieren und mit Eigelb bestreichen. Bei 200° C ca. 20 Min. backen, dann Hitze auf 170° C reduzieren und weitere 20–30 Min. backen. Lauwarm oder kalt mit Schlagsahne servieren.

Brombeer-Mousse

4 Portionen

400 g reife Brombeeren
100 g flüssiger Honig
2 EL Zitronensaft
4 Blatt Gelatine
150 ml Joghurt
220 ml Sahne
100 g Brombeeren zum Dekorieren

Die Brombeeren mit Honig und Zitronensaft in einem Topf mischen und ca. 1 Std. Saft ziehen lassen. Gelatine in kaltem Wasser einweichen. Beeren vorsichtig erhitzen, aufkochen lassen und rasch durch ein Sieb streichen. Ausgedrückte Gelatine in der noch heißen Fruchtmasse auflösen. Kurz vor dem Stocken zuerst Joghurt und dann die geschlagene Sahne unterziehen. 2–3 Std. im Kühlschrank abkühlen lassen. Zum Servieren mit Brombeeren dekorieren.

Brombeer-Himbeer-Kompott

400 g Brombeeren
200 g Himbeeren
Saft von 1/2 Limone
100 ml Rotwein
100 g Zucker
1/2 Zimtstange
3 Nelken
1/2 Vanilleschote, längs aufgeschnitten

300 g Brombeeren, Limonensaft, Rotwein, Zucker und Gewürze in einem Topf erhitzen und bei hoher Temperatur ca. 5 Min. einkochen, durch ein Sieb passieren und wieder in den Topf geben. Kurz erhitzen, restliche Brombeeren und Himbeeren zufügen. Topf vom Herd nehmen. Kompott in eine Schüssel füllen und abkühlen lassen. Schmeckt gut zu Vanilleeis, Quark und Pfannkuchen.

Brombeermarmelade

1 kg reife und unreife Brombeeren
1/2 kg Holz- oder Kochäpfel
1 unbehandelte Zitrone
ca. 1 kg Zucker

Äpfel gründlich waschen, grob hacken und mit 100 ml Wasser ca. 30 Min. kochen, bis sie weich sind. Brombeeren und dünn abgeschälte Zitronenschale zugeben und weitere 20 Min. kochen. Eventuell etwas Wasser zugeben. Fruchtbrei durch ein feines Sieb passieren, die Menge abmessen. Dann zusammen mit Zucker (300 ml Zucker pro 500 ml Fruchtmasse) und Zitronensaft in einen sauberen Topf geben und unter ständigem Rühren ca. 15 Min. kochen lassen, bis die Marmelade zu gelieren beginnt. Sofort in heiße Gläser füllen und verschließen.

ERDBEEREN

Leuchtendrot und verführerisch duftend kündigen sie den Frühling an – sind sie doch die ersten Beeren, die auf dem Markt erscheinen, wenngleich die ersten Erdbeeren meist aus den südlichen Nachbarländern in unsere Geschäfte kommen. Kaum zu glauben, dass die beliebte großfruchtige Beere mit dem aromatischen und saftigen Fruchtfleisch erst vor gut zweihundert Jahren durch zufällige Kreuzungen einer amerikanischen Wilderdbeere und der großen Chileerdbeere entstanden ist. Unübertroffen im Geschmack ist natürlich die hocharomatische Walderdbeere, von der wiederum die ebenfalls kleinwüchsige Monatserdbeere abstammt, die in vielen Gärten von Juni bis in den Herbst hinein Früchte trägt. Walderdbeeren sind leider etwas in Verruf geraten, weil man sich mit ihnen nicht nur großen Genuss, sondern wohl auch den gefürchteten Fuchsbandwurm nach Hause holen kann. Ein bisschen Panikmache ist sicher dabei, aber trotzdem: Waldbeeren immer gründlich waschen.

In den ersten Frühlingsmonaten kommen die Beeren – vor allem die aromatischen Sorten Elsanta und Senga Sengana – vorwiegend aus Spanien, Italien, Frankreich und Israel auf unsere Märkte, die heimische Erdbeerernte folgt im Juni und Juli. In diese Zeit fällt auch das bei vielen so beliebte Erdbeerpflücken auf großen Plantagen. Wenn die recht kurze Hauptsaison zu Ende geht, versorgen uns wieder andere Länder mit den beliebten Beeren, zu einem teils recht stolzen Preis.

Erdbeeren werden nicht ganz ausgereift geerntet, da sie noch etwas nachreifen und so empfindlich sind, dass sie den Transport in ausgereiftem Zustand nicht überstehen würden. So ist es auch ratsam, die Beeren zu Hause aus der Schachtel zu nehmen, Druckstellen faulen nämlich besonders rasch, sie nebeneinander auf einen Teller zu legen und außerdem möglichst innerhalb der ersten ein bis zwei Tage zu essen. Und auch die Vorbereitung erfordert einige Vorsicht: Die Beeren nur kurz in einem Sieb kalt abspülen oder in stehendem kaltem Wasser durchschwenken, dann gleich abtropfen lassen. Die empfindlichen Beeren dürfen nicht im Wasser liegen bleiben, da sie sich rasch vollsaugen und dadurch erheblich an Aroma verlieren. Nach dem Waschen den grünen Kelch herausziehen oder mit einem spitzen Messer ausschneiden. Die meisten Erdbeeren werden frisch gegessen, besonders köstlich schmecken sie so: einfach zuckern und mit Schlagsahne essen; aber auch als Konfitüre sind sie unvergleichlich gut.

Und nun noch ein Wort zum gesundheitlichen Aspekt: Erdbeeren enthalten viele Mineralstoffe wie Kalium, Calcium, Phosphor, Magnesium und Eisen sowie die Vitamine A, B1, B2 und C.

Erdbeer-Mandel-Torte

200 g süßer Mürbeteig, Rezept s. S. 140
80 g Zucker
100 g weiche Butter
2 Eier
1 Eigelb
100 g gemahlene Mandeln
400 g Erdbeeren
100 g Aprikosenmarmelade
2 EL Zitronensaft

Teig ausrollen, damit den Boden einer 26-cm-Backform auslegen, Rand formen und mit einer Gabel dekorativ einkerben. Kühl stellen. Butter und Zucker cremig rühren, Eier und Eigelb nach und nach zufügen, rühren, bis alles vermengt ist. Mandeln zufügen und sorgfältig unterrühren. Mandelcreme auf den Teigboden streichen, bei 180° C 15 Min. backen, Hitze reduzieren auf 150° C, weitere 15–20 Min. backen, bis der Kuchen goldgelb ist. Abkühlen lassen. Erdbeeren waschen, sorgfältig trocknen, Blättchen entfernen, Beeren halbieren und dicht nebeneinander auf den Kuchen legen. Aprikosenmarmelade und Zitronensaft erwärmen und die Beeren damit glasieren. Mit Schlagsahne servieren.

Feine Biskuit-Erdbeertorte

5 Eier
100 g Zucker
100 g gemahlene Mandeln
75 g Mehl
6 EL Erdbeermarmelade, Rezept s. u.
1 EL Zitronensaft
275 ml Crème Fraîche
1 Vanillestange
50 g Puderzucker
750 g Erdbeeren, geputzt und in Scheiben geschnitten
Puderzucker zum Bestäuben
1 Becher Schlagsahne

Eine Schüssel in einen Topf mit kochendem Wasser hängen, der Schüsselboden sollte knapp über dem Wasser sein. Eier und Zucker in die Schüssel geben und schlagen, bis sich das Volumen verdreifacht hat und von einer dicklichen, cremigen Konsistenz ist. Anschließend in einem Kaltwassserbad weiterschlagen, bis die Masse abgekühlt ist. Mandeln und Mehl zusammensieben und vorsichtig unterheben. In eine 26-cm-Springform füllen und bei 180° C 20–30 Min. backen. Abkühlen lassen. Danach in 3 gleich dicke Böden teilen. Marmelade zusammen mit Zitronensaft erwärmen, davon die Hälfte auf den unteren Boden streichen. Crème Fraîche mit Puderzucker und ausgekratztem Vanillemark verschlagen, davon die Hälfte auf den unteren Boden streichen, darauf 250 g Erdbeeren verteilen. Dann den mittleren Boden aufsetzen und den Vorgang wiederholen. Deckel aufsetzen und den Rest der Erdbeeren darauf verteilen und mit geschlagener Sahne dekorieren. Mit Puderzucker bestäubt servieren.

Walderdbeermarmelade

1 kg Walderdbeeren oder kleine aromatische Gartenerdbeeren
750 g Zucker
250 ml Wodka

Die Erdbeeren von den Blättchen befreien, waschen und trocknen lassen. Erdbeeren und Zucker abwechselnd in eine Schüssel schichten und mit einer Zuckerschicht abschließen. Wodka drübergießen und über Nacht durchziehen lassen. Dann den Saft in einen Topf abgießen, zum Kochen bringen und bei starker Hitze wenige Minuten kochen lassen, Erdbeeren zufügen und 5–10 Min. weiterkochen, bis der Gelierpunkt erreicht ist. Topf vom Herd nehmen, Schaum abschöpfen und die Marmelade in heiße sterilisierte Gläser füllen und sofort verschließen. Gut für Tortenfüllungen, als Beilage zu Pfannkuchen und Vanilleeiscreme.

Erdbeereiscreme

4 Eigelb
100 g Akazienhonig
400 ml Milch
400 g Erdbeeren
100 ml Crème Fraîche
1 Becher Joghurt

Eigelb und Honig 5–8 Min. schlagen, bis eine dickliche, helle Creme entstanden ist. Milch zum Kochen bringen und langsam unter Rühren in die Eimischung gießen, zurück in den Topf geben und unter Rühren vorsichtig auf 80° C erhitzen, bis die Creme dicklich wird. Abkühlen lassen. Erdbeeren pürieren, zusammen mit Crème Fraîche und Joghurt in die Ei-Milch-Mischung rühren. Nochmals abschmecken und eventuell mehr Honig zufügen.
In der Eismaschine gefrieren lassen oder im Tiefkühlfach (Anleitung s. S. 140).

Erdbeer-Zitronen-Sorbet

500 g Erdbeeren, geputzt
100 g flüssiger Honig
Saft von 1 Apfelsine
1 kleine, unbehandelte Zitrone
3 EL Grand Marnier

Zitrone in große Stücke schneiden, mit Orangensaft und Honig im Mixer pürieren. Erdbeeren pürieren. Beide Pürees zusammenrühren, Likör zufügen und durch ein feines Sieb passieren. Nochmals mit Honig abschmecken und in der Eismaschine gefrieren oder im Tiefkühlfach (Anleitung s. S. 140).

Erdbeer-Mousse

4 Portionen

500 g aromatische Erdbeeren
80 g Puderzucker
2 EL Zitronensaft
1 EL Grand Marnier
4 Blatt Gelatine, eingeweicht
1 Becher Schlagsahne

400 g Erdbeeren pürieren, mit Puderzucker und Zitronensaft erwärmen, Gelatine ausdrücken und darin auflösen, fast abkühlen lassen. Sahne schlagen und vorsichtig unter die Mousse ziehen. Ca. 3 Std. erkalten lassen. Restliche Beeren in Scheiben schneiden und dazu servieren.

Erdbeer-Bananen-Trifle mit Lemoncurd

400 g Lemoncurd, Rezept s. S. 134
220 ml Crème Fraîche
700 g Erdbeeren, geputzt
3 reife Bananen
60 g Zucker
100 ml Weißwein
3 EL Cointreau
15–18 Löffelbiskuits
2 El Puderzucker
230 ml Sahne

Lemoncurd mit Crème Fraîche verrühren. Einige Erdbeeren zum Dekorieren beiseite stellen. Erdbeeren und Bananen in Scheiben schneiden. Den Zucker mit Weißwein aufkochen, einkochen, bis sich der Zucker aufgelöst hat, vom Herd nehmen, etwas abkühlen lassen. Cointreau zugeben. Eine 3-l-Schüssel oder -Form mit in Sirup getauchten Löffelbiskuits auslegen, darauf die Hälfte der Bananenscheiben verteilen und mit der Hälfte der Lemoncurd-Mischung bedecken, dann die Hälfte der Erdbeeren darüberschichten und 1 EL Puderzucker drüberstreuen. Den Vorgang wiederholen und mit Erdbeeren und Puderzucker abschließen.
Zugedeckt mehrere Stunden gekühlt durchziehen lassen. Mit Schlagsahne und ganzen Erdbeeren dekoriert servieren.

Ingwer-Erdbeeren mit Baiser

- 1 kg Erdbeeren, geputzt
- 50 g frischer Ingwer
- 3 Eiweiß
- 120 g Puderzucker
- 1 Becher Schlagsahne

Erbeeren halbieren, Ingwer schälen und reiben und dann mit den Erbeeren gründlich vermischen. 2 Std. durchziehen lassen. Eiweiße halbsteif schlagen, nach und nach den Puderzucker dazusieben. Weiterschlagen, bis eine glänzende Masse entsteht. Backofen auf 100° C vorheizen, Backblech mit Backpapier auslegen und die Eiweißmasse mit einem Spachtel etwa 1 cm dick ausstreichen. 60–90 Min. backen, dann auskühlen lassen. Vor dem Servieren Baiser zerkrümeln und unter die Beeren mischen. Mit steif geschlagener Sahne servieren.

Eiskalte Erbeermilch

4 Portionen

- 250 g reife Erdbeeren, geputzt
- 1 reife Banane
- 250 ml Milch, gekühlt
- 250 ml Joghurt, gekühlt
- 250 ml Ananassaft
- 2 EL Honig

4 schöne Erdbeeren zum Dekorieren beiseite legen. Erdbeeren und Banane in Stücke schneiden und einfrieren. Ananassaft in Eiswürfelbehälter füllen und einfrieren. In einem Mixer die Zutaten pürieren, alles zusammengießen, nochmal mit Honig abschmecken und sofort in 4 kalte Gläser füllen. Mit Erdbeeren dekoriert servieren.

Erdbeer-Gazpacho

Für 4–6 Personen

- 1 kg Erdbeeren
- 2 Pfirsiche
- 60 g Zucker oder Honig
- 80 ml Weißwein
- 3 Passionsfrüchte
- 200 g Himbeeren
- 1 Kiwi
- Zitronensaft
- Minzeblätter

800 g Erdbeeren, 1 Pfirsich und Zucker pürieren, Passionsfrüchte auskratzen, zusammen mit dem Wein ins Püree rühren. Restliche Erdbeeren, 1 Pfirsich und Kiwi fein würfeln und zusammen mit den Himbeeren zugeben. Mit Zitronensaft und eventuell etwas mehr Zucker abschmecken. Zudecken und kühl stellen. Mit Minzeblättchen garniert servieren.

Walderdbeerbowle

- 200 g Walderdbeeren, geputzt
- Saft von 1/2 Zitrone
- 1 EL Zucker
- 1 Flasche trockner Weißwein, gekühlt
- 1 Flasche Champagner oder Sekt, gekühlt

Die Hälfte der Beeren zusammen mit Zucker und Zitronensaft zerquetschen, mit Weißwein aufgießen und im Kühlschrank gut durchziehen lassen. Die restlichen Walderdbeeren zufügen, mit Champagner aufgießen und servieren.

JOHANNIS-BEEREN

Ganz schön sauer können die Früchtchen sein und sind daher auch nicht jedermanns Sache. Tatsächlich zählen die Beeren, die in dreierlei Farben an buschigen Sträuchern wachsen, sogar im voll ausgereiften Zustand zu den säurereichsten Früchten, trumpfen dafür aber mit vielen inneren Werten auf. So sind sie besonders reich an Vitamin C, enthalten viele Fruchtsäuren wie Zitronensäure, den löslichen Ballaststoff Pektin und die Mineralstoffe Kalium, Calcium und Phosphor. Laut DGE (Deutsche Gesellschaft für Ernährung) kann man schon mit etwa 40 Johannisbeeren seinen Tagesbedarf an Vitamin C decken. Einen guten Begleiter findet das Vitamin C übrigens in den enthaltenen Fruchtsäuren, die die Vitamin-C-Aufnahme im Körper noch erleichtern. Diesen Effekt kann man bei allen Vitamin-C-reichen Früchten und Gemüsen übrigens auch durch die Zugabe von Zitronensaft erreichen!

Die Heimat der mehrjährigen Johannisbeersträucher ist Nordosteuropa und Nordwestasien, die schwarzen Beeren kommen aus Mittel- und Osteuropa. Gut gedeihen sie in allen gemäßigten und kalten Klimazonen der nördlichen und südlichen Halbkugel.

Reif werden Johannisbeeren ab Ende Juni, etwa um den Johannistag, der auch als Namensgeber für die hübschen Beeren zeichnet. Der Johannistag ist der Tag der Sonnenwende im Sommer und wird als längster Tag des Jahres vor allem in den Alpenländern mit Johannisfeuern auf den Gipfeln gefeiert.

Die roten Beeren gibt es bis in den August hinein. Schwarze Johannisbeeren kommen etwas später auf den Markt und übertreffen die roten und weißen bezüglich ihres gesundheitlichen Wertes, so enthalten sie beispielsweise noch mehr Vitamin C.

Weiße Johannisbeeren sind wie die schwarzen süßer als die roten Beeren, werden aber leider nur sehr selten angeboten.

Wie alle Beeren sind Johannisbeeren empfindlich. Geerntet wird bei voller Reife, denn die kann nicht nachgeholt werden, wenn sie erst einmal vom Strauch gepflückt sind. Deshalb sollte man sie auch so rasch wie möglich verwenden, denn schon nach etwa zwei Tagen beginnen sie zu nässen und später zu schimmeln.

Johannisbeeren werden vor dem Essen oder Kochen einfach kurz kalt abgebraust. Dann die Beeren von den Rispen streifen, das geht mit den Fingern, noch besser aber mit den Zinken einer Gabel.

Die Beeren lassen sich gut einfrieren. Dazu die abgestreiften Beeren am besten nebeneinander ausgebreitet auf einem Tablett einige Stunden vorfrieren und dann erst in Gefrierbeutel füllen. So behalten sie ihre Form und lassen sich außerdem gut portionsweise entnehmen.

Johannisbeerkuchen mit Baiserhaube

400 g rote Johannisbeeren
100 g schwarze Johannisbeeren
80 g Zucker
2 EL Johannisbeerlikör, Rezept s. S. 43
150 g weiche Butter
60 g Zucker
4 Eigelb
100 g gemahlene Mandeln
250 g Mehl, gesiebt
4 Eiweiß
80 g Puderzucker

Beeren mit Zucker und Likör mischen, 30 Min. durchziehen lassen. Butter und Zucker cremig rühren, Eigelbe nach und nach zufügen und gut verschlagen, Mehl und Mandeln zügig unterrühren. Teig in eine 26-cm-Springform füllen und bei 190° C 20–30 Min. backen. Backofentemperatur auf 220° C erhöhen. Beeren und Saft auf dem Kuchenboden verteilen. Eiweiß steif schlagen, Puderzucker zufügen und weiterschlagen, bis der Eischnee glänzt. Eischnee über die Beeren streichen, Kuchen dann in 10–20 Min. fertig backen, bis die Baiserhaube leicht gebräunt ist.
Warm oder kalt servieren.

Schwarze Johannisbeer-Tarte mit Birnen

300 g schwarze Johannisbeeren
3 EL Johannisbeerlikör, Rezept s. S. 43
100 g flüssiger Honig
300 g süßer Mürbeteig, Rezept s. S. 140
4 Birnen, ca. 500 g
100 g Mandelblättchen
Zitronensaft
Puderzucker zum Bestäuben

Beeren, Likör und Honig vermischen, ziehen lassen. Mürbeteig dünn ausrollen und damit den Boden einer 26-cm-Springform belegen, zusammen mit den Teigresten für den Rand mindestens 30 Min. kühl stellen. Boden darnach bei 200° C 10 Min. vorbacken, abkühlen. Rand ansetzen, Boden mit Mandelblättchen bestreuen. Beeren darauf verteilen. Falls zu viel Saft entstanden ist, zu Sirup einkochen. Birnen schälen, entkernen, in dicke Spalten schneiden und dekorativ in die Beeren setzen. Alles mit Sirup beträufeln. Mit Puderzucker bestäubt bei 180° C 45–60 Min. backen. Vor dem Servieren nochmals mit Puderzucker bestäuben.

Schwarze Johannisbeer-Eiscreme

300 g schwarze Johannisbeeren
120 g Puderzucker
Saft von 1/2 Zitrone
200 ml Crème Fraîche

Johannisbeeren mit dem Zucker mischen, in einem Topf vorsichtig erhitzen, dabei ständig rühren. Topf vom Herd nehmen, sobald die Johannisbeeren aufplatzen. Beeren durch ein Sieb pressen, Fruchtmus mit Zitronensaft und Crème Fraîche vermischen. Mit Zucker abschmecken. In einer Eismaschine gefrieren lassen oder im Tiefkühlfach (Anleitung s. S. 140).

Gratinierte Johannisbeertörtchen

4–5 Törtchen à 10 cm Durchmesser

300 g süßer Mürbeteig, Rezept s. S. 140
4 Eigelb
60 g Zucker
1 EL Stärkemehl
1/2 Vanillestange, längs aufgeschnitten
300 ml Milch
250 g Johannisbeeren
brauner Zucker

Mürbeteig dünn ausrollen, Teigkreise ausschneiden und gebutterte Tortelettformen damit auslegen. 1 Std. kalt stellen. Teig mit Alufolie auslegen, mit Bohnen beschweren und bei 190° C etwa 10 Min. backen. Dann Bohnen und Folie entfernen, die Törtchen noch ca. 5 Min. weiterbacken, bis sie goldbraun sind. Kurz abkühlen lassen, dann aus den Formen nehmen. Eigelbe und Zucker schlagen, bis sie weiß und cremig sind, Stärkemehl zufügen und alles gut verrühren. Milch mit der Vanilleschote zum Kochen bringen. Topf vom Herd nehmen, nach und nach die heiße Milch in die Eiermischung rühren, in den Topf zurückgießen und bei sehr niedriger Temperatur wieder zum Kochen bringen. Dabei ständig rühren, ca. 2 Min. köcheln lassen, dann abkühlen lassen. Beeren auf die Törtchen verteilen, Vanillecreme darübergießen, 2 Std. kühl stellen. Grill vorheizen, Törtchen großzügig mit braunem Zucker bestreuen und unter den Grill schieben. Grillen, bis der Zucker karamellisiert ist. Törtchen vor dem Servieren kurz abkühlen lassen, damit die Zuckerschicht hart werden kann.

Rote-Beeren-Grütze

Für 4–6 Personen

500 g rote und weiße Johannisbeeren
100 g schwarze Johannisbeeren
250 g Erdbeeren
175 g Zucker
100 ml Weißwein oder Saft
30 g Stärkemehl
150 g Himbeeren

Erdbeeren und Johannisbeeren in einem Topf mit Zucker mischen. 30 Min. Saft ziehen lassen. Dann kurz zum Kochen bringen. Stärkemehl im Wein verrühren und unter die Beeren rühren. Kurz aufkochen, Topf vom Herd nehmen, Himbeeren zufügen. Rote Grütze auf Portionsschalen verteilen und abkühlen lassen. Mit Milch, Schlagsahne oder Joghurt servieren.

Englischer Sommerpudding

800 g gemischte Johannisbeeren und Erdbeeren
2 EL Grand Marnier
100 g Zucker
ca. 300 g fertig gebackener Biskuitteig, Rezept s. S. 140

Erdbeeren in Scheiben schneiden, mit Johannisbeeren, Grand Marnier und Zucker mischen, ziehen lassen, bis sich etwas Saft gebildet hat. Saft in einem Topf zum Kochen bringen, Beeren zufügen und ca. 2 Min. kochen. Topf vom Herd nehmen. Eine 2-l-Schüssel mit Küchenfolie auslegen, Kuchenteig in Scheiben schneiden und die Schüssel damit dicht auslegen. Rest für den Deckel aufheben. Beeren einfüllen, die Hälfte des Saftes drübergießen. Beeren mit Teigrest bedecken und den Rest des Saftes drübergießen. Einen passenden Teller drauflegen und beschweren. Mindestens 1 Nacht durchziehen lassen, besser länger. Pudding auf einen Teller stürzen. Folie entfernen. Mit Vanillesahne servieren.

Johannisbeer-Mousse

6 Portionen

8 Blatt Gelatine
500 g gemischte Johannisbeeren
200 g Zucker
200 ml Rotwein oder Wasser
2 EL Johannisbeerlikör, Rezept s. S. 43
220 ml Crème Fraîche
2 Eiweiß

Gelatine in kaltem Wasser einweichen. Beeren, 150 g Zucker und Wein aufkochen und 5–8 Min. köcheln lassen, durch ein Sieb passieren, Gelatine ausdrücken und im noch heißen Beerensaft auflösen, Likör zufügen. Abkühlen lassen, bis die Masse dicklich wird. Eiweiß steif schlagen, 50 g Zucker zufügen und weiterschlagen, bis der Eischnee glänzt. Zuerst Crème Fraîche unter die Beerenmischung heben, dann den Eischnee. In Portionsschalen mindestens 6 Std. durchkühlen lassen. Mit frischen Beeren servieren.

Gelee aus schwarzen Johannisbeeren und Portwein

250 g scharze Johannisbeeren
1/2 Zimtstange
100 g Zucker
200 ml Rotwein
150 ml Portwein
5 Blatt Gelatine

Gelatine in kaltem Wasser einweichen. Zimt, Johannisbeeren, Zucker und Rotwein kochen, bis die Beeren weich sind. Alles durch ein Sieb streichen, um die Kerne zu entfernen. Gelatine ausdrücken und in dem noch warmen Beerensaft auflösen. Portwein zufügen und in Portionsgläsern mindestens 6 Std. abkühlen lassen. Falls Kinder mitessen, auch den Portwein mitkochen.

Cumberland-Sauce

Beeren mit Orangensaft, Zitronensaft, Orangenschale, Lorbeerblatt, Rotwein, Pfeffer, Ingwer und Zucker unter Rühren zum Kochen bringen, bei milder Hitze 30–45 Min. kochen lassen, ab und zu umrühren, dabei um die Hälfte reduzieren. Durch ein Sieb passieren und mit Salz und Senf abschmecken. In ein heiß gespültes Glas gießen und verschließen. Gut zu Wild, Lamm und Huhn.

250 g rote Johannisbeeren
abgeriebene Schale von 1 unbehandelten Apfelsine
Saft von 2 Apfelsinen
Saft von 1 Zitrone
120 ml Rotwein
1 Lorbeerblatt
1 TL Pfefferkörner
1 Stück Ingwer
200 g Zucker
1 EL Senf
1/2 TL Salz

Cassis-Likör

Schwarzer Johannisbeer-Likör

Johannisbeeren zerdrücken, mit Zucker vermischen, kurz aufkochen, abkühlen und in ein Glas füllen. Mit Obstbranntwein auffüllen, Flasche verschließen und 2–3 Wochen in die Sonne stellen. Von Zeit zu Zeit durchschütteln. Dann durch einen Kaffeefilter gießen, in Flaschen füllen und verschließen. Kühl aufbewahren.

500 g schwarze Johannisbeeren
200 g Rohrzucker
600 ml Obstbranntwein (40 %)
1/2 Zimtstange

Schwarzes Johannisbeer-Chutney

Beeren, Birnen, Zitrone, Schalotten, Knoblauch und Essig in einem Emaille- oder Stahltopf 15–20 Min. kochen, dann Zucker und Gewürze zufügen, weitere 30–45 Min. kochen, bis die Flüssigkeit fast verdampft ist und das Chutney dicklich wird. In heiß ausgespülte Gläser füllen und verschließen. Nach 1 Monat probieren. Schmeckt gut zu Leber, Huhn, Wild und Lamm.

750 g schwarze Johannisbeeren
2 Birnen, in kleine Stücke geschnitten
1 kleine, unbehandelte Zitrone, in dünne Scheiben geschnitten
400 g Schalotten, geviertelt
2 Knoblauchzehen, in Scheiben geschnitten
300 ml Apfelessig
300 g Zucker
1 TL Chili
Samen von 8 Kardamomkapseln, zerstoßen
1 Stück frischer Ingwer
1 Zimtstange
1 TL Salz

HIMBEEREN

Wer im Wald auf einer sonnigen Lichtung die kleinen roten Früchte an stacheligen Sträuchern entdeckt, der kann sich glücklich schätzen. Vorausgesetzt, er hat ein Schälchen dabei und die Beine sind wohl bekleidet, so dass man sich unbeschadet nahe genug an die stacheligen Himbeersträucher heranwagen kann.

In ganz Mittel- und Nordeuropa, in Asien und in Nordamerika wachsen die aromatischen Beeren wild auf Waldlichtungen, an Hecken und an Wegesrändern. Und überall dort gibt es auch den erwerbsmäßigen Anbau – von meist wesentlich größeren und leider nicht mehr ganz so aromatischen Beeren.

Himbeeren wachsen an stacheligen, bis zu 2 m hohen Sträuchern und sitzen auf einem zapfenförmigen Fruchtboden, von dem sich die vollreifen Früchte ganz leicht abziehen lassen.

Die roten Beeren – nur wenige, vor allem bei Gartenliebhabern wachsende Sorten sind rosa oder sogar gelb – werden von Juni bis September reif, sind saftig und so aromatisch, dass sie weder Zucker noch sonst eine unterstützende Zutat nötig haben.

Neben Zucker und Fruchtsäuren – vor allem Zitronensäure – enthalten Himbeeren die Mineralstoffe Kalium, Calcium und Phosphor sowie eine ganze Reihe an Vitaminen: B1, B2, C, Biotin und Karotin (Provitamin A). Außerdem enthalten Himbeeren in nennenswerter Menge die Phenolsäure Ellagsäure, die wirksam gegen die Bildung von Krebszellen sein soll.

Himbeeren sind die sensibelsten unter den Beeren. Schon der Eigendruck der darüberliegenden Beere führt bei der Lagerung bereits nach relativ kurzer Zeit zu Druckstellen und schließlich zu Schimmel. Die Himbeeren nach dem Selbstpflücken, aber auch nach dem Einkauf daher möglichst rasch aus dem Gefäß nehmen.

Da Himbeeren sehr weich sind, saugen sie sich auch leicht mit Wasser voll und sollten daher möglichst gar nicht gewaschen, sondern nur gründlich nach verdorbenen Früchten und auch nach Würmern untersucht werden.

Falls Sie Himbeeren doch einmal kurz – keinesfalls länger als zwei Tage – lagern möchten, legen Sie sie am besten nebeneinander auf einen großen Teller oder ein Tablett, möglichst mit Küchenpapier ausgekleidet. Und auch dann nach einem Tag schon einmal kontrollieren und faule Früchte aussortieren.

Himbeertorte mit Zitronencreme

250 g süßer Mürbeteig, Rezept s. S. 140
60 g weiche Butter
2 Eier
90 g Zucker
1 unbehandelte Zitrone
400 g Himbeeren
Puderzucker zum Bestäuben

Mürbeteig dünn ausrollen und damit den Boden einer 26-cm-Springform auslegen, mit der Gabel mehrfach einstechen. Einen schmalen Teigstreifen mit etwas Eiweiß als Rand ansetzen. 30 Min. kühl stellen. Bei 190° C 15–20 Min. backen. Abkühlen lassen. Butter und Zucker 10 Min. cremig rühren, Eier, Zitronensaft und abgeriebene Zitronenschale zufügen, kurz weiterschlagen, Creme in einen Topf gießen, bei niedriger Temperatur und ständigem Schlagen erhitzen, bis sie dicklich wird, aber nicht kochen lassen. Vom Herd nehmen und in ein Kaltwasserbad stellen, unter Rühren abkühlen lassen. Creme auf den Teigboden gießen und die Himbeeren dicht nebeneinander daraufsetzen. Mit Puderzucker bestäubt servieren.

Himbeer-Brownies

150 g zartbittere Schokolade
60 g Butter
3 große Eier
100 g Zucker
1 EL Vanillezucker
60 g Mehl
2 EL Kakao
1 TL Backpulver
1 Prise Salz
250 g frische Himbeeren

Butter und Schokolade bei sehr niedriger Temperatur in einem Topf schmelzen, öfter umrühren, dann abkühlen lassen. Eier, Zucker und Vanillezucker im Mixer 5 Min. schaumig schlagen. Mehl, Backpulver, Salz und Kakao zusammensieben und kurz unterrühren, dann die Schokolade-Butter-Mischung. Die gewaschenen und gut abgetropften Himbeeren unterheben. Eine eckige 25 x 25 cm große Backform mit Backpapier auslegen, Teigmasse einfüllen und bei 160° C 40–50 Min. backen. In Würfel schneiden, solange der Teig noch warm ist. Schmeckt gut mit Schlagsahne.

Salat mit Himbeeren, Walnüssen und warmem Ziegenkäse

50 g Walnusskerne
1 Römersalat
2 Bund Rucola
1/2 Eisbergsalat
4 Scheiben Ziegenkäse, 2 cm dick
250 g frische Himbeeren
1 Bund Zitronenmelisse, gehackt

Vinaigrette:
1 TL Senf
3 EL Himbeeressig
1 EL Balsamicoessig
1/2 TL Honig
8 EL Olivenöl Extra Vergine
Salz und Pfeffer

Senf, Honig, Essig, Salz und Pfeffer in eine Schüssel geben, mit dem Schneebesen kurz durchschlagen, dann das Olivenöl langsam zugießen, dabei weiterschlagen. Abschmecken. Walnusskerne in einer unbeschichteten Pfanne ohne Fett bei niedriger Temperatur anrösten. Abkühlen lassen. Salatblätter waschen, trocken schleudern und auf 4 Teller verteilen. Ziegenkäse mit etwas Vinaigrette beträufeln und unter dem Grill überbacken, sofort auf die Salatblätter setzen, Melisse, Walnüsse und Himbeeren darüberstreuen, mit Vinaigrette beträufelt servieren.

Himbeeressig

600 ml Weißweinessig
500 g Himbeeren

Weißwein zum Kochen bringen, 1–2 Min. kochen und dann abkühlen lassen. Himbeeren waschen, gut abtropfen und in einer Schüssel mit einem Kartoffelstampfer leicht zerdrücken. In 1 oder 2 Glasgefäße füllen, mit dem lauwarmen Wein übergießen. Kurz verrühren, mit einem Tuch bedeckt auf der sonnigen Fensterbank mindestens 2 Wochen durchziehen lassen. Ab und zu durchrühren. Durch ein Gazetuch filtern und in sterilisierte Flaschen füllen.

HOLUNDER-BEEREN

Schon ab Juni macht er auf sich aufmerksam, dann nämlich verströmen die zarten weißen Blüten des eher unscheinbaren Holunderstrauches oder -baumes einen feinen und gleichzeitig intensiven Duft – vor allem in den Stunden der Morgen- und Abenddämmerung.
Durch einen zähflüssigen Teig gezogen und in heißem Fett knusprig frittiert, sind die Blüten auch eine beliebte und köstliche Delikatesse, die man vor allem in Süddeutschland und in Österreich noch gelegentlich angeboten bekommt.
Im Herbst werden die Beeren reif und violett bis fast schwarz. Holunderbeeren sind übrigens die einzigen Beeren, die man nicht roh essen sollte – ausgenommen vielleicht die Preiselbeeren, die aber keine Probleme verursachen, sondern einfach roh nicht schmecken. Der Grund ist der in Holunderbeeren enthaltene Stoff Sambunigrin, der Brechreiz und Verdauungsstörungen bewirken kann, vor allem bei Kindern. In ganz vollreifen Früchten ist dieser Stoff zwar weitgehend abgebaut, doch sollte man Holunderbeeren immer erhitzen, denn dabei wird Sambunigrin ganz bestimmt unwirksam.
Ansonsten sind die dunklen Beeren ausgesprochen gesund, enthalten neben den Mineralstoffen Kalium, Phosphor und Magnesium Vitamine der B-Gruppe, Karotin (Provitamin A) und vor allem Vitamin C.

Verkauft wird Holunder so gut wie nie, wer ihn zubereiten möchte, macht sich an Waldrändern, Feldwegen, Hecken und Heuschobern auf die Suche nach dem Strauch, der bis zu 8 m hoch werden kann. Lange suchen wird man nicht müssen, denn der Holunder ist eine eher anspruchslose Pflanze, die immer wieder an neuen Stellen wild wächst. Allerdings sollten Sie nicht unbedingt an einer Stelle sammeln, wo viele Autos vorbeirauschen, und auch nicht neben einem Maisfeld, das stark gedüngt wird und wo entsprechend Schadstoffe auf den kleinen Beeren abgelagert wurden.
Nach der Ernte müssen die empfindlichen Beeren möglichst rasch verarbeitet werden, denn sie verderben leicht.
Die ganzen Dolden werden am besten in stehendem kaltem Wasser geschwenkt und nach dem Abtropfen von den dünnen Stielen gestreift. Das geht mit den Fingern, die sich dabei aber leicht verfärben, oder wie bei Johannisbeeren mit den Zinken einer Gabel. Die intensive Farbe der kleinen Beeren hinterlässt übrigens auch auf heller Kleidung Spuren, die sich meist nicht herauswaschen lassen.

Holunder-Birnen-Pie

Für 6 Personen

Birnen schälen, entkernen, würfeln und in einer Schüssel mit Holunderbeeren, Zucker, Zimtpulver und Zitronensaft mischen. Alles in eine gebutterte 25-cm-Pieform füllen. Mürbeteig ausrollen und damit die Füllung bedecken. Im Backofen bei 190° C 30–40 Min. backen. Warm mit Schlagsahne servieren.

600 g reife Holunderbeeren ohne Stängel
400 g reife Birnen
150 g Zucker oder Honig
1/2 TL Zimtpulver
2 EL Zitronensaft
200 g süßer Mürbeteig, Rezept s. S. 140

Schwarzer Holunderbeersirup

Alle Zutaten in einem emaillierten Topf zum Kochen bringen, 30 Min. bei niedriger Temperatur ohne Deckel köcheln lassen. Ein großes Sieb mit einem Tuch auslegen, Fruchtmus hineinschütten und den Saft auffangen. Abschmecken, nochmals aufkochen und in heiß ausgespülte Flaschen füllen, verschließen. Schmeckt gut als Sauce zu Eiscremes, als Getränk bei Erkältungen und eignet sich zur Zubereitung von Sorbets.

3 kg Holunderbeeren ohne Stängel
1/2 l Rotwein
1,5 kg Zucker
1 Zimtstange
Schale und Saft von 1 unbehandelten Zitrone

Holunderbeer-Wildapfel-Chutney

Chili entkernen und fein würfeln, Äpfel entkernen und grob würfeln, Zitrone vierteln und in Scheiben schneiden. Alles mit Holunderbeeren, Zwiebeln, Rosinen, Zimt, Nelken, Salz, Zucker und Essig in einem emaillierten Topf unter häufigem Rühren bei niedriger Temperatur ca. 2 Std. köcheln lassen. In heiße saubere Gläser füllen und verschließen. Etwa 1 Monat durchziehen lassen.
Passt gut zu Wildgeflügel, Huhn und gepökeltem Schweinefleisch.

500 g Wildäpfel oder Kochäpfel
1 rote Chili
1 unbehandelte Zitrone
1 kg Holunderbeeren ohne Stängel
200 g Zwiebeln, gewürfelt
200 g Rosinen
1 Zimtstange
6 Nelken
2 EL Salz
200 g hellbrauner Zucker
600 ml Rotweinessig

Holunderbeersuppe mit Grießklößen

Zitrone dünn abschälen, Saft auspressen und beides mit Holunderbeersaft, Zimt und Nelken aufkochen, 10 Min. durchziehen lassen, abseihen. Äpfel entkernen und in Scheiben schneiden. Apfelsaft mit Zucker und Zitronensaft aufkochen, Apfelscheiben dazugeben und niedriger Hitze 5 Min. ziehen lassen. Apfelscheiben nicht zerkochen. Für die Klöße 1/4 l Wasser mit Salz und Butter zum Kochen bringen, Grieß zuschütten und bei niedriger Hitze 2–3 Min. rühren, bis sich der Teig vom Topfboden löst. Topf vom Herd nehmen und die geschlagenen Eier unterrühren. Salzwasser in einem Topf zum Kochen bringen. Klöße mit einem nassen Löffel abstechen und im sanft köchelnden Wasser 15–20 Min. ziehen und dann abtropfen lassen. Holunderbeersuppe mit den Äpfeln erhitzen, mit kalt angerührter Stärke andicken, abschmecken.
Die Klöße getrennt dazu servieren.

1 l Holunderbeersirup, Rezept s. o.
1 unbehandelte Zitrone
1 Zimtstange
4 Nelken
3 Äpfel, z. B. Boskop
1/8 l Apfelsaft
2 EL Zucker
Saft von 1/2 Zitrone
1 EL Speisestärke

Klöße:
80 g Grieß
40 g Butter
2 Eier, kurz geschlagen

PREISELBEEREN

Jeder kennt sie, aber fast keiner hat sie je gesehen – außer vielleicht mit Zucker dicklich eingekocht als interessante Beilage zu Wild und zum gebackenen Camembert.

Zu Hause ist die kleine Preiselbeere in Eurasien, in einem riesigen Gebiet also. Hauptsächlich wächst sie jedoch in den skandinavischen Ländern, auf dem Balkan und sogar bei uns. Und zwar in Wald, Moor und Heide. Die Beerchen, die an etwa 30 cm hohen Zwergsträuchern in kleinen Trauben wachsen, sind ungefähr 1/2 cm groß, anfangs weiß, und werden mit zunehmender Reife erst hell- und später kräftig rot.

Etwa von Ende August bis in den Oktober hinein wird geerntet, und zwar noch immer zum Großteil aufwendig und mühsam an wildwachsenden Sträuchern.

Außer den heimischen Beeren kommen die Früchte vor allem aus Schweden, Norwegen und Polen auf unsere Märkte. Inzwischen zeigen die Bemühungen, die aromatische Beere auch in Kulturen anzupflanzen, Erfolg, und so bleibt zu hoffen, dass man sie bald in größeren Mengen und zu einem niedrigeren Preis auf den Herbstmärkten kaufen kann.

Die herben Früchtchen sind so ausgeprägt säuerlich, dass sie in rohem Zustand wohl kaum begeisterte Anhänger finden werden. Gekocht als Kompott, Mus und Marmelade – übrigens besonders fein zusammen mit Birnen –, als Grundlage von Saft, Likör und Branntwein sind sie jedoch unter den Beeren fast die aromareichsten. Und auch, was die Inhaltsstoffe betrifft, kann die Preiselbeere sich sehen lassen: Vitamin C, Karotin (Provitamin A) und Vitamin B1, wichtige Mineralstoffe und zahlreiche Säuren: Apfel-, Zitronen-, China-, Gerb- und Benzolsäure. Letzterer verdanken die Konserven übrigens ihre oft erstaunlich lange Haltbarkeit.

Auch roh halten sich Preiselbeeren im Kühlschrank oder in einem kühlen Keller bis zu acht Wochen frisch. Überlagerte Preiselbeeren erkennt man daran, dass sie nicht mehr prall, sondern schrumpelig sind.

Zur Vorbereitung werden die Beeren in stehendem kaltem Wasser gewaschen. Vertrocknete Beerchen, Blätter und Stiele schwimmen oben und können leicht abgehoben werden, am besten mit einem Schaumlöffel.

Eng verwandt mit den Preiselbeeren sind Cranberries. Sie stammen aus dem Nordosten Amerikas und aus Kanada, sind um einiges größer als die Preiselbeeren, schmecken aber sehr ähnlich und können genauso verwendet und zubereitet werden.

Preiselbeer-Schokoladen-Kuchen

150 g frische Preiselbeeren
200 g zartbittere Schokolade
100 g Butter
3 große Eier
3 Eigelb
100 g Honig
100 g feines Vollkornmehl

23-cm-Springform buttern und mit Mehl bestäuben. Backofen auf 180° C vorheizen. Butter in einem Topf schmelzen lassen, Schokolade dazugeben und unter ständigem Rühren bei niedriger Temperatur auflösen. Abkühlen lassen. Eier, Eigelb und Honig in einer Schüssel über kochendem Wasser ca. 5 Min. schlagen, bis die Mischung lauwarm ist. Schüssel aus dem Wasserdampf nehmen, weiterschlagen, ca. 8 Min., bis die Menge blassgelb ist und sich verdoppelt hat. Mit dem Mixer bei langsamer Geschwindigkeit das Mehl unterrühren, dann die gekühlte Schokolade unterheben. Teigmasse in die Springform füllen. Preiselbeeren in 1 EL Mehl rollen und auf dem Teig verteilen, in dem sie teils versinken. Im Backofen auf der mittleren Schiene ca. 1 Std. backen.
Dazu Schlagsahne servieren.

Preiselbeer- oder Cranberrykuchen

300 g Mürbeteig, Rezept s. S. 140
50 g Mandelblättchen
250 g frische oder gefrorene Cranberries
Saft von 1 Orange
250 g süsse Birnen, fein gewürfelt
200 g Zucker oder Honig

Teig ausrollen und damit den Boden einer 23-cm-Springform auslegen und zusammen mit dem Teigrest für den Rand 30 Min. kühl stellen. Boden mehrfach mit der Gabel einstechen und bei 200° C 8–10 Min. vorbacken. Abkühlen lassen, Teigrand ansetzen. Mandelblättchen auf den Boden streuen. 125 g Cranberries zusammen mit Orangensaft pürieren, dann Birnenwürfel, restliche Beeren und Zucker zufügen. Füllung auf den Teigboden geben. Bei 180° C ca. 1 Std. backen.
Lauwarm mit Sahne und Vanilleeis servieren.

Preiselbeer-Sorbet

200 g frisch gepresster Apfelsinensaft
500 g Preiselbeeren
200 g Puderzucker
6 EL Portwein
200 ml Crème Fraîche

Saft und Beeren ca. 10 Min. kochen, bis alle Beeren geplatzt sind. Zucker dazugeben, alles pürieren und durch ein Sieb streichen. Anküհlen lassen. Crème Fraîche unterrühren und in der Eismaschine gefrieren lassen oder im Gefrierfach zubereiten (Anleitung s. S. 140).
Dazu passt sehr gut Vanillesauce.

Preiselbeer-Apfelsinen-Sauce

375 ml frisch gepresster Apfelsinensaft
1 Zimtstange
500 g frische oder gefrorene Preiselbeeren
200 g Honig oder Zucker

Saft und Zimtstange zum Kochen bringen, Beeren dazugeben und 5–10 Min. köcheln lassen, bis fast alle Beeren geplatzt sind. Vom Herd nehmen und nach Geschmack mit Honig süßen. Zimtstange entfernen. Schmeckt gut zu Wild, kaltem Fleisch oder als Kompott zu Süßspeisen.

STACHEL-BEEREN

Fast so groß wie Kirschen und fast so süß wie Trauben, haben Stachelbeeren viel mehr zu bieten als ihr etwas abschreckender Name vermuten lässt. Aber Stacheln haben selbstverständlich nicht die Beeren, die ziert allenfalls ein feiner Haarflaum, sondern die bis zu 2 m hohen, meist aber niedrigeren Sträucher, an denen sie wachsen.

Ursprünglich stammt die Stachelbeere wie die meisten anderen Beeren auch aus Eurasien und aus Nordafrika. Heute wächst sie in allen gemäßigten Klimazonen der Welt, hierzulande vor allem in Baden-Württemberg, Rheinland-Pfalz, Nordrhein-Westfalen und in Niedersachsen.

Unreif sind Stachelbeeren grün, reif je nach Sorte ganz hellgrün, goldgelb oder rötlich bis bräunlich. Das Fruchtfleisch ist weich, sehr saftig und enthält viele Kerne, die jedoch den Genuss nicht beeinträchtigen. Schmecken sie unreif noch kräftig sauer, werden sie mit zunehmender Reife richtig süß, unter den Beeren haben sie den höchsten Zuckergehalt – ausgenommen Trauben. Dass sie trotz der Süße so viel Aroma aufweisen, verdanken die köstlichen Beeren dem Gehalt an Wein-, Apfel- und Zitronensäure. Zudem sind Stachelbeeren reich an Vitaminen und enthalten viel Pektin, sowohl ein Cholesterinsenker als auch ein ausgezeichnetes Geliermittel. Stachelbeeren kommen also beim Einkochen zu Marmelade mit etwas weniger Zucker aus als viele andere Früchte. An Mineralstoffen sind zu nennen: Kalium, Natrium, Calcium und Phosphor.

Auf dem Markt erscheinen Stachelbeeren leider nur für kurze Zeit, nämlich von Juni bis August. Vorher kann man sie nur unreif selbst aus dem Garten ernten, beispielsweise um Kompott zu kochen, das mit den unreifen noch köstlicher wird. Stachelbeeren werden kaum importiert, da die Nachfrage zu unrecht nicht besonders hoch ist. Allenfalls aus den Niederlanden kommen gelegentlich einige Früchte auf unsere Märkte, allerdings zur selben Zeit wie die einheimischen. Zu anderen Zeiten wird man Stachelbeeren kaum im Angebot finden, sie sind also eine der wenigen Obstarten, die es wirklich nur zu ihrer Saison zu kaufen gibt.

Da Stachelbeeren eine relativ feste Schale haben, lassen sie sich etwas länger lagern als andere Beeren.

Allerdings sollten auch sie möglichst rasch nach dem Einkauf gegessen werden, da sie an Flüssigkeit und somit an Saftigkeit verlieren. Vor dem Essen werden sie einfach unter dem kalten Wasserstrahl gewaschen, dann lässt man sie gut abtropfen.

Stachelbeertorte

300 g süßer Mürbeteig, Rezept s. S. 140
700 g Stachelbeeren
60 g Butter
2 EL brauner Zucker
2 Eier, getrennt
70 g Puderzucker
35 g Mehl

Mürbeteig ausrollen, damit den Boden einer 26-cm-Springform belegen, und zusammen mit den Teigresten für den Rand 30 Min. kühl stellen. Danach den Boden bei 190° C 8–10 Min. vorbacken. Butter in einem schweren, emaillierten Topf erhitzen, braunen Zucker einrühren, leicht karamellisieren lassen, dann die Stachelbeeren zufügen, zugedeckt sanft kochen, bis die Haut matt aussieh. Topf vom Herd nehmen, bevor die Beeren aufplatzen. Eiweiß steif schlagen. Eigelb mit Puderzucker schaumig rühren, Mehl zufügen und Eiweiß unterheben. Teigrand an den vorgebackenen Boden ansetzen, Beeren darauf verteilen und mit der Eimischung bedecken. Bei 150° C ca. 40 Min. backen, bis die Eimischung goldbraun ist. Lauwarm oder kalt servieren, eventuell mit Schlagsahne.

Stachelbeereiscreme

500 g reife, rote Stachelbeeren
2 EL Beerensaft oder Wasser
50 g Zucker
1 Ei
2 Eigelb
100 g Puderzucker
Zitronensaft
3 EL Cointreau
1 Becher Schlagsahne
1 Becher Crème Fraîche

Stachelbeeren putzen, mit 2 EL Saft oder Wasser und 50 g Zucker 10–15 Min. einkochen, dann pürieren. Abkühlen lassen. Ei, Eigelbe und Puderzucker schaumig schlagen. Stachelbeermus mit der Eimasse verrühren, mit Zitronensaft abschmecken. Cointreau zufügen, Sahne schlagen und zusammen mit der Crème Fraîche in die Fruchtmasse rühren. In einer Eismaschine ca. 20 Min. gefrieren lassen, oder im Gefrierfach (Anleitung s. S. 140).

Stachelbeer-Chutney

1 kg Stachelbeeren, geputzt
200 ml Apfelessig
6 Nelken
200 g Zwiebeln, in feine Ringe geschnitten
250 g Zucker
50 g frische Ingwerwurzel, gerieben
1/4 TL Chilipulver
1 TL Senfpulver
1/2 EL Salz
1 EL Estragon, gehackt

Essig und Nelken aufkochen, Nelken entfernen. Zwiebeln, Zucker, Ingwer, Chili, Senfpulver, Salz und Estragon in Essig aufkochen, Stachelbeeren zufügen und so lange bei milder Hitze und gelegentlichem Umrühren einkochen, bis das Chutney dicklich wird wie Marmelade. In heiße Gläser füllen und sofort verschließen. Schmeckt sehr gut zu gebratenen Makrelen oder gegrilltem Fleisch.

WEINTRAUBEN

Die Welt kennt kaum eine Frucht, die einen so begehrten Saft hervorbringt. So werden denn auch etwa 85 Prozent der Traubenernte zu Wein verarbeitet, weitere 5 Prozent kommen getrocknet im Müsli, Studentenfutter oder Rosinenbrötchen auf den Tisch, und nur die verbleibenden 10 Prozent finden frisch ihre Freunde.

Die Weinrebe, an der die Trauben wachsen, kann auf ein biblisches Alter zurückblicken und stammt wohl ursprünglich aus Mittelasien und Transkaukasien.

Heute werden die Weinreben überall auf der Welt angepflanzt, besonders gut gedeiht die Pflanze jedoch in Gegenden mit mildem Klima, aber kühlen Nächten. Gerade der Wechsel zwischen viel Sonne und feuchten, nicht allzu warmen Nächten bringt erst das gewünschte Aroma, vor allem für den Wein. Die meisten dieser Gebiete liegen in Europa (Italien, Spanien, Portugal, Frankreich, Griechenland, Österreich und in milden Gegenden Deutschlands), aber natürlich auch in den USA (Kalifornien), Australien und Neuseeland.

Unterschieden werden Keltertrauben und Tafeltrauben. Keltertrauben sind meist kleiner, haben eine dickere Schale und enthalten mehr Säure. Nur die größeren Tafeltrauben kommen in den Obsthandel. Die meisten Trauben bzw. ihre Beeren enthalten bis zu fünf Samenkerne, immer beliebter werden jedoch die kernlosen, meist kleinen und sehr süßen Trauben.

Zudem unterscheidet man natürlich weiße oder helle und blaue oder rote Trauben. Der rote Farbstoff der ›Blauen‹ sitzt übrigens in der Schale, das Fruchtfleisch ist außer bei ganz wenigen Sorten ebenfalls grün. Weiße Tafeltrauben sind beliebter und werden mehr angebaut als die roten.

In Europa geht die Traubensaison von August bis November, manchmal sogar Dezember, in der übrigen Zeit kommen die Beeren vorwiegend aus Südafrika, Chile und Argentinien.

Trauben schmecken nicht nur gut, sie sind auch ausgesprochen gesund. Neben zahlreichen Mineralstoffen (Kalium, Calcium, Phosphor und Eisen) und den Vitaminen C und solchen der B-Gruppe enthalten sie vor allem wichtige bioaktive Substanzen wie die Flavonoide Quercetin und Anthocyanin, die in roten Trauben, Traubensaft und Rotwein dafür sorgen, dass das Blut flüssig bleibt. Sowohl die weißen wie die roten zeichnen sich durch ihren Gehalt an Ellagsäure aus, ein bioaktiver Stoff, dem man Schutz vor Krebs nachsagt.

Nach der Ernte reifen Trauben nicht mehr nach, sie lassen sich jedoch relativ gut lagern. Wählen Sie einen kühlen Ort und sortieren Sie faule Beeren regelmäßig aus. Ein feiner, reifähnlicher Belag auf den Beeren ist übrigens kein Zeichen für mangelnde Qualität. Er bildet sich durch Verdunstung von Flüssigkeit auf den kühlen Beeren, wenn sich im Laufe des Tages die Luft erwärmt.

Traubenkuchen mit Esskastanien

300 g Mürbeteig, Rezept s. S. 140
750 g kleine, säuerliche, grüne Trauben
200 g vorgekochte Esskastanien
200 g Crème Fraîche
3 Eigelb
30 g Vanillezucker, Rezept s. S. 140
Saft von 1/2 Zitrone

Mürbeteig ausrollen, damit den Boden einer 26-cm-Springform belegen, dann zusammen mit den Teigresten für den Rand 30 Min. kühl stellen. Den Boden bei 200° C 8–10 Min. vorbacken, etwas abkühlen lassen, Teigrand ansetzen. Kastanien sehr fein hacken, auf dem Boden verteilen, Trauben darüber verteilen. Crème Fraîche, Eigelb, Vanillezucker und Zitronensaft verquirlen und über die Trauben gießen. Bei 180° C 40–50 Min. backen. Abkühlen lassen und mit Schlagsahne servieren.

Weintrauben-Gazpacho

4–6 Portionen

550 g grüne, kernlose Weinrauben
200 g Weißbrot vom Vortag, ohne Rinde
100 g abgezogene Mandeln
2 hartgekochte Eigelb
4 frische Knoblauchzehen
1 TL Meersalz
6 EL Olivenöl Extra Vergine
3 EL Sherry-Essig
250 g Eiswürfel
weißer Pfeffer

Mandeln ca. 3 Min. in Wasser kochen, abgießen. 400 g Trauben pürieren und durch ein Sieb streichen, Saft auffangen. Brot einweichen und ausdrücken. In einem Mixer Mandeln, Brot, Eigelb, Knoblauch und Salz pürieren, nacheinander zuerst langsam Olivenöl zugeben, dann Essig, Eiswürfel und Traubensaft, weiter pürieren, bis das Eis vollständig zerkleinert ist. Mit Salz und Pfeffer abschmecken. Die restlichen Trauben hinzufügen und eiskalt servieren.

Blumenkohl-Weintrauben-Salat mit Walnüssen

1 Blumenkohl, geputzt, ca. 600 g
300 g grüne Weintrauben
50 g Walnusskerne

Vinaigrette:
8 EL Olivenöl
Saft von 1/2–1 Zitrone
1/4 TL Honig
Salz und Pfeffer
1/2 Bund glatte Petersilie oder Salbei

Blumenkohl in kleine Röschen teilen und in kochendem Wasser 5 Min. blanchieren, nicht zu weich werden lassen, abtropfen. Salatsauce zubereiten aus Öl, Zitronensaft, Salz, Pfeffer und Honig. Den noch warmen Blumenkohl in der Sauce durchziehen und abkühlen lassen. Trauben mit kochendem Wasser überbrühen, dann die Haut abziehen. Trauben und Walnusskerne mit dem Blumenkohl mischen. Mit Zitronensaft, Salz und Pfeffer abschmecken, mit Petersilie bestreuen.

Fischfilets mit Weintrauben

300 g grüne, kernlose Trauben
800 g Fischfilets
3–4 EL Olivenöl
2 EL Mehl
100 g gekochter Schinken, in dünne Scheiben geschnitten
1/2 Bund Frühlingszwiebeln, in feine Ringe geschnitten
100 ml Weißwein
300 ml Fischbrühe
300 ml Crème Fraîche
Zitronensaft
Salz und Pfeffer

Trauben mit kochendem Wasser überbrühen und die Haut abziehen. Fischfilets in Stücke schneiden, salzen und mit Mehl bestäuben. 2 EL Öl in einer großen, beschichteten Pfanne erhitzen, und die Fischstücke bei mittlerer Hitze goldgelb braten. Fisch in einer Schüssel beiseite stellen. Schinken in Streifen schneiden und zusammen mit den Zwiebeln und dem restlichen Öl in der gleichen Pfanne glasig dünsten, mit Weißwein ablöschen, einkochen, dann Brühe zugeben, weiter einkochen, Crème Fraîche zugeben und zu einer cremigen Sauce einkochen. Mit Salz und Pfeffer abschmecken. Fisch in der Sauce vorsichtig erhitzen, ca. 3 Min. ziehen lassen, Trauben zugeben und am Schluss nochmals mit Salz, Pfeffer und Zitronensaft abschmecken. Dazu passt Weißbrot gut.

APRIKOSEN

Samtig, zart und weich sollen sie sich anfühlen, saftig und wunderbar aromatisch sollen sie schmecken. Manch einer erinnert sich noch genau an den Geschmack frischer Aprikosen und ist dann oft enttäuscht, wenn er in eine beißt. Denn Aprikosen brauchen viel Sonne und viel Wärme, damit sie ihr Aroma voll entwickeln können. Und sie dürfen nicht zu früh gepflückt werden.

Seine Heimat hat der Aprikosenbaum in China und im Hochland zwischen Kaspischem und Schwarzem Meer. Heute gedeiht er überall dort, wo auch Wein wächst, am besten jedoch in den sonnenverwöhnten Mittelmeerländern. In Österreich, genauer gesagt in der Wachau, wachsen wohlschmeckende Aprikosen, die dort Marillen genannt werden. Leider kommen sie, wenn überhaupt, nur ganz kurze Zeit in den Handel.

Die Sorte Tyrintos aus Griechenland, Italien und Frankreich kommt zwar als erste Aprikose auf den Markt, ist aber nicht besonders aromatisch. Sehr gute Sorten kommen vor allem aus Frankreich zu uns: Orange de Provence und Bergeron. Die Sorte Bebecou aus dem sonnigen Griechenland eignet sich vor allem hervorragend zum Kochen.

Die ovalen Steinfrüchte mit der seitwärts verlaufenden Furche, die sie in zwei ›Backen‹ teilt, haben eine samtähnliche, manchmal auch glatte Haut von hellgelber bis kräftig orangeroter Farbe. Oft sind die Früchte auf der der Sonne zugewandten Seite fein gerötet.

Die orange Farbe zeigt es an: Aprikosen enthalten viel Karotin (Provitamin A), und zwar mehr als jede andere Frucht. Außerdem erwähnenswert ist der Vitamin-C-Gehalt und das Vorkommen der Mineralstoffe Calcium, Phosphor und Eisen.

Hauptsaison haben Aprikosen von Mai bis September, nach dem Einkauf lassen sich festere Früchte noch bis zu drei Wochen in einem kühlen Raum oder der Vorratskammer aufbewahren. Vollreife, also weiche Früchte müssen aber bald verbraucht werden, sie schmecken sonst nicht mehr saftig, sondern mehlig und fad.

Aprikosen werden gewaschen und abgetrocknet, dann entlang der Furche eingeschnitten oder auseinandergebrochen. Der Stein aus der einen Hälfte lässt sich zumindest bei reifen Früchten ganz leicht herausheben. Aprikosen schmecken frisch, aber auch gekocht oder im bzw. auf dem Kuchen gebacken.

Außer den frischen sind getrocknete Aprikosen sehr beliebt, hauptsächlich kommen sie aus Kalifornien, Israel und aus der Türkei zu uns. Sie sind hocharomatisch und können Kompotten und Konfitüren aus frischen Aprikosen zusätzliches Aroma verleihen. Dazu einfach einweichen, klein schneiden und mitkochen.

Aprikosentorte

ca. 300 g Mürbeteig, Rezept s. S. 140
1 kg Aprikosen
300 g Zucker
220 ml Crème Fraîche
2 Eier
40 g Butter

Aprikosen halbieren, entsteinen, 5 Aprikosensteine knacken, Kerne enthäuten und hacken. Zucker, gehackte Kerne und 400 ml Wasser zum Kochen bringen und köcheln, bis sich der Zucker aufgelöst hat. Aprikosen im Sirup sehr kurz aufkochen, die Aprikosen sollten nur weich, aber nicht matschig werden. Aprikosen in ein Sieb schütten, Sirup auffangen und in den Topf zurückgeben und bei starker Hitze einkochen bis er dicklich wird.
Mürbeteig ausrollen und damit den Boden einer 26-cm-Springform belegen, dann zusammen mit den Teigresten für den Rand 30 Min. kühl stellen. Boden bei 200° C im Backofen 10–15 Min. vorbacken, abkühlen lassen und Teigrand ansetzen.
Eier und Crème Fraîche verschlagen. Butter schmelzen und zu der Eiermischung geben. 200 ml eingekochten Sirup hineinrühren. Aprikosenhälften dicht nebeneinander auf den Teigboden legen, Eiermischung darüber gießen und bei 180° C 40–50 Min. backen. Abkühlen lassen und mit kalter Schlagsahne servieren.

Blätterteig-Aprikosen-Tarte

1 Packung Tiefkühl-Blätterteig, ca. 340 g
1 kg Aprikosen
100 g blättrige Mandeln
70 g Zucker
Puderzucker zum Bestäuben

Den aufgetauten Teig ausrollen und eine 26-cm-Backform damit auslegen, den Rand etwas überstehen lassen, mit einer Gabel den Teig einstechen, dann mindestens 30 Min. kühl stellen. Backblech in die mittlere Schiene des Ofens schieben, Ofen auf 230° C vorheizen. Aprikosen halbieren und entkernen. Blätterteigboden mit den Mandeln bestreuen, Aprikosenhälften dicht nebeneinander daraufsetzen, dabei leicht aufstellen, mit Zucker bestreuen. Kuchen auf das heiße Backblech setzen und ca. 30 Min. backen. Mit Puderzucker bestreut lauwarm servie-

Aprikosenmarmelade

1 kg reife, aber feste Aprikosen
1 unbehandelte Zitrone
500 g Zucker
200 ml Weißwein

Zitronenschale dünn abschälen. Aprikosen kurz überbrühen, kalt abschrecken, Haut abziehen. Aprikosen vierteln und mit Zitronensaft beträufeln. 20 Aprikosenkerne knacken, Nüsse herauslösen, 1 Min. blanchieren, Haut abziehen und hacken. Aprikosenhäute mit Zitronenschale, Weißwein und Zucker zu einem Sirup kochen, Zitronenschale herausfischen, Sirup mit den Häuten durch ein Sieb streichen und über die Aprikosen gießen. Alles aufkochen und ca. 15 Min. ohne Deckel weichkochen, dann die gehackten Kerne zufügen und noch 5 Min. weiterkochen. In sterilisierte Gläser füllen oder einfrieren. Wegen des geringen Zuckergehaltes hält sich die Marmelade in den Gläsern nicht sehr lange.

Aprikosensauce

500 g reife Aprikosen
100 ml Weißwein
100 g Zucker
1 unbehandelte Zitrone
3 EL Amaretto

Zitrone sehr dünn abschälen. Aprikosen halbieren und entsteinen. Weißwein, Zitronenschale und Zucker zum Kochen bringen, Aprikosen zugeben und weichdünsten. Durch ein Sieb streichen und mit Amaretto, eventuell auch mit mehr Zucker abschmecken. Passt gut zu Vanilleeis, Pfannkuchen und Quarkcremes.

Aprikosenkompott mit Vanille

500 g Aprikosen
200 g Zucker
1 Vanillestange, längs halbiert
200 ml Apfelsaft
1 unbehandelte Zitrone

Aprikosen halbieren und entkernen. 5 Aprikosenkerne knacken, Nüsse enthäuten und grob hacken. Zitrone dünn abschälen und Saft auspressen, dann zusammen mit Zucker, Apfelsaft, Vanillestange und den gehackten Kernen ca. 5 Min. köcheln lassen. Vanillemark auskratzen und in den Topf zurückgeben. Aprikosen zufügen, alles kurz aufkochen und dann bei abgeschaltetem Herd ziehen lassen. Aprikosen mit einem Schaumlöffel in eine Schüssel legen, Saft und Gewürze zu Sirup einkochen, Zitronenschale und Vanillestange entfernen. Fertigen Sirup über die Aprikosen gießen. Schmeckt gut zu Pfannkuchen, Vanilleeis oder Quark.

Aprikosen-Quark-Joghurt-Creme

700 g Aprikosen
200 g Zucker
1 Becher Joghurt
200 g Quark
8 Blatt Gelatine
200 ml Sahne
1 EL Vanillezucker, Rezept s. S. 140

Gelatine in kaltem Wasser einweichen. Aprikosen halbieren und entkernen. Zucker in 100 ml Wasser kochen, bis sich der Zucker aufgelöst hat. Aprikosen in den kochenden Sirup geben, kurz aufkochen, Aprikosen in ein Sieb geben, Sirup auffangen und bei starker Hitze einkochen bis er dicklich wird. Topf vom Herd nehmen, ausgedrückte Gelatine darin auflösen. Aprikosen pürieren, Quark, Joghurt und Sirup zugeben, abschmecken, eventuell mehr Zucker zugeben. Auf Zimmertemperatur abkühlen lassen. Sahne mit Vanillezucker steif schlagen und unterheben. Im Kühlschrank 2–3 Std. abkühlen lassen.

Aprikosenknödel

Für 4 Personen

500 g mehligkochende Kartoffeln
30 g Grieß
120 g Mehl
100 g weiche Butter
1 Ei
12 Aprikosen
12 Würfelzucker
100 g Semmelbrösel
Puderzucker zum Bestäuben

Kartoffeln gar kochen, pellen und durch eine Kartoffelpresse drücken, mit 50 g Butter, Mehl, Grieß und Ei zu einem glatten Teig kneten. Den Teig auf ca. 1/2 cm Dicke ausrollen und in 12 Scheiben schneiden. Aprikosen anschneiden, entkernen, den Kern durch 1 Stück Würfelzucker ersetzen. Aprikosen in 1/2 cm dicke Teigstücke einwickeln. Salzwasser zum Kochen bringen, Knödel darin 5–8 Min. garen. Semmelbrösel in der restlichen Butter bräunen, fertige Knödel darin wälzen und mit Pudenzucker bestäubt servieren.

Aprikosen in Gewürzsirup

1,5 kg Aprikosen
500 g Zucker
300 ml Apfelessig
10 Nelken
1 Zimtstange
1 unbehandelte Zitrone

Zitrone dünn abschälen, Zitronensaft auspressen und zusammen mit Zucker, Essig und den Gewürzen zum Kochen bringen, ca. 5 Min. leicht kochen. Aprikosen zufügen und auf niedriger Flamme weiterkochen, bis sie weich, aber nicht matschig sind. Aprikosen auf die Gläser verteilen. Saft-Essig-Mischung bei starker Hitze einkochen, bis sie leicht dicklich wird. Gewürze und Schale entfernen, heißen Sirup über die Aprikosen gießen und die Gläser sofort verschließen. Schmeckt gut zu gekochtem Schinken und Geflügel.

Aprikosen-Mandel-Auflauf

Clafoutis

700–800 g Aprikosen
400 ml Milch
60 g gemahlene Mandeln
1 Prise Salz
2 EL Honig
4 Eier
80 g Mehl
100 g Zucker
1 EL Vanillezucker, Rezept s. S. 140

Milch aufkochen, Topf vom Herd nehmen, gemahlene Mandeln, Salz und Honig einrühren, etwa 1 Stunde durchziehen lassen. Eier schlagen, Zucker, Mehl und Vanillezucker zufügen, weiter schlagen, bis alles gut vermengt ist, dann die Mandelmilch unterrühren. 20 Min. ruhen lassen. Aprikosen halbieren, entsteinen und damit eine feuerfeste, gebutterte 30-cm-Form dicht belegen. Teig darübergießen. Im vorgheizten Backofen bei 200° C 10 Min. backen, dann die Temperatur auf 180° C reduzieren und noch 30–45 Min. weiterbacken, bis der Auflauf goldbraun ist. Noch warm servieren.

Aprikosen-Lamm-Pasteten

Ca. 10 Stück

6 EL Olivenöl
4 Knoblauchzehen, fein gewürfelt
1 Zwiebel, fein gewürfelt
200 g Zucchini, gewürfelt
500 g Lammhack
1/2 TL Zimt
abgeriebene Schale von 1 unbehandelten Zitrone
300 g frische Aprikosen, gewürfelt, oder 200 g getrocknete Aprikosen, eingeweicht
1 Bund frische Minze, gehackt
2 Pakete tiefgekühlter Filo-Teig, je ca. 270 g, aufgetaut
Butter zum Einpinseln
1 Ei, verquirlt
Salz und Pfeffer

Olivenöl in einer großen Pfanne erhitzen, Zwiebel und Knoblauch darin glasig dünsten, Zucchini zugeben und ebenfalls andünsten. Dann das Hack zufügen, mit Zimt, Salz, Pfeffer und Zitronenschale würzen und kurz anbraten. Am Schluss Aprikosenwürfel und Minze untermischen, nochmals abschmecken.
Butter zum Schmelzen bringen, Filoteig ausbreiten, mit Butter bepinseln und pro Blatt je 1 EL Hackmischung draufsetzen, Teig darüberschlagen, kleine Pakete formen und mit der Naht nach unten auf ein geöltes Backblech setzen. Mit dem verquirlten Ei bestreichen und bei 180° C 15–20 Min. backen. Heiß servieren. Dazu schmeckt eine Sauce aus Joghurt, die mit Salz, Zitronensaft, Honig und frischer Minze abgeschmeckt wurde.

KIRSCHEN

Aus Nachbars Garten schmecken sie besonders gut, die ersten, verlockend roten und wunderbar saftigen Kirschen des Jahres. Paarweise am Stiel dienen sie zudem als Zierde, die schon manches Kinderohr geschmückt hat.

Im großen Gebiet Eurasiens ist die Heimat des Kirschbaums zu finden, und noch heute wächst er in allen gemäßigten Klimazonen der Erde, wobei die meisten Produktionsgebiete in Europa liegen. Unterschieden werden Süß- und Sauerkirschen. Außer diesen kennt man noch eine Kreuzung aus beiden, die süßsauren Bastardkirschen, die jedoch im Handel nicht zu finden sind. Und zu guter Letzt gibt es auch noch die so genannten Brennkirschen, meist kleine, aber sehr zuckerreiche wilde Kirschen, die man zum Beispiel für die Herstellung des beliebten Schwarzwälder Kirschwassers nimmt.

Nicht alle Kirschen sind rot: es gibt auch gelbliche, zartrote oder so dunkelrote, dass sie fast schwarz wirken.

Die ersten Kirschen werden schon im Mai reif, die letzten etwa im Juli. Meist kommen zuerst die weichen und etwas empfindlichen Herzkirschen auf den Markt, gefolgt von den so genannten Knorpelkirschen, die ein festeres Fleisch haben.

Außer Vitaminen der B-Gruppe und Vitamin C zeichnen sich Kirschen vor allem durch ihren Gehalt an Phosphor und Eisen aus. Vorsicht bei Sauerkirschen: Die Kerne sind leicht blausäurehaltig und sollten deshalb nicht mitverwendet werden.

Kirschen lassen sich nur wenige Tage lagern, vor allem Sauerkirschen verderben rasch. Die Kirschen werden in einem Sieb kalt abgespült, anschließend lässt man sie sehr gut abtropfen oder trocknet sie sogar auf einer doppelten Lage Haushaltspapier, damit sie nicht zu schimmeln beginnen. Zum Aufbewahren möglichst in eine flache Schale legen. So kann man alle faulen Kirschen gleich aussortieren und wegwerfen.

Süßkirschen werden hauptsächlich roh gegessen, Sauerkirschen finden hingegen roh kaum Freunde. Sie schmecken gekocht als Kompott oder Konfitüre und auch im Kuchen gebacken sehr gut, sind sogar aromatischer als die süßen. Zum Kochen werden Kirschen besser entsteint, am besten geht das mit einem speziellen Kirschentsteiner, den es in jedem Haushaltwarengeschäft zu kaufen gibt. Kirschen lassen sich auch sehr gut einfrieren: Legen Sie die entsteinten Früchte dazu zuerst nebeneinander auf ein Tablett und frieren Sie sie einige Stunden vor. So vorbereitet in Gefrierbeutel gefüllt, kleben sie nicht mehr aneinander und lassen sich auch gut portionsweise entnehmen.

Schokoladen-Kirsch-Torte

8 Portionen

250 g süßer Mürbeteig, Rezept s. S. 140
250–300 g Sauerkirschen, entsteint und halbiert
200 ml Schlagsahne
160 g bittere Schokolade, fein gehackt
40 g kalte Butter, gewürfelt

Mürbeteig ausrollen und damit eine 23-cm-Springform auslegen, 5 cm hohen Rand ansetzen, 30 Min. kühl stellen. Boden mehrfach mit der Gabel einstechen, mit Alufolie abdecken und die Form mit Bohnen auffüllen. Bei 200° C ca. 10 Min. vorbacken. Bohnen und Folie entfernen, den Boden noch ca. 5 Min. nachbacken, bis er goldbraun ist. Abkühlen lassen. Sahne zum Kochen bringen. Topf von Herd nehmen und unter ständigem Rühren die Schokolade in der heißen Sahne schmelzen lassen. Butterwürfel nach und nach zugeben, rühren, bis sich alles aufgelöst hat. Kirschhälften mit der Schnittfläche dicht nebeneinander auf den Kuchenboden setzen, einige Kirschen zum Dekorieren aufheben. Schokoladencreme über die Kirschen gießen. Kuchen bei Zimmertemperatur abkühlen lassen. Mit den übriggelassenen Kirschen dekorieren. Vor dem Servieren ca. 2 Std. im Kühlschrank kühlen.

Kirschauflauf

Clafoutis. 6 Portionen

500 g Sauerkirschen
2 EL Puderzucker
500 ml Kirschwasser
4 Eier
1 Prise Salz
100 g Zucker
3 EL Mehl
300 ml Crème Fraîche
2 EL blättrige Mandeln
Butter zum Einfetten

Auflaufform ausbuttern und Kirschen hineingeben, Kirschwasser darübergießen und mit Puderzucker bestäuben. Eier, Zucker und Salz mischen, Mehl unterrühren und dann Crème Fraîche zufügen. Alles gut vermengen und über die Kirschen gießen. Mit Mandelblättchen bestreuen und bei 180° C 30–40 Min. backen. Noch warm servieren.

Kirschsuppe

600 g Sauerkirschen
50 g Zucker
1 Flasche Weißwein
1/2 Stange Zimt
Saft und abgeriebene Schale von 1 unbehandelten Zitrone
200 ml Kirschwasser
500 ml Crème Fraîche

Kirschen entsteinen, dabei Saft auffangen. Kirschsteine, Zucker, Weißwein und Zimt in einem Topf aufkochen, vom Herd nehmen, 20 Min. ziehen lassen, durch ein Sieb zurück in den Topf gießen. Zitronenschale, Saft und Kirschen zufügen, kurz aufkochen, Topf vom Herd nehmen, etwas abkühlen lassen und Kirschwasser zufügen. Die Hälfte der Kirschen mit einem Schaumlöffel aus dem Topf nehmen, beiseite stellen. Die restlichen Kirschen in der Suppe mit Creme Fraîche pürieren. Kirschen wieder in den Topf geben und alles gut abkühlen lassen.

Eingelegte Kirschen

1 kg Sauerkirschen
850 ml Weißweinessig
500 g Zucker
2 TL schwarze Pfefferkörner
10 Nelken
6 Lorbeerblätter
Schale von 1 unbehandelten Zitrone

Kirschen waschen und gut trocknen. Kirschstiele um die Hälfte kürzen und die Kirschen in kleine Gläser mit Schraubdeckel füllen. Weißwein, Zucker, Pfeffer, Nelken, Lorbeerblätter und Zitronenschale aufkochen und ca. 10 Min. kochen lassen. Auf Zimmertemperatur abkühlen, dann den Sud auf die Kirschen gießen, Gläser verschließen und mindestens 6 Wochen durchziehen lassen.
Schmeckt gut zu Ente, gegrilltem Lamm, Schweinefleisch oder Wild.

PFIRSICHE UND NEKTARINEN

Symbol des Frühlings und der Fruchtbarkeit – wegen seiner frühen Blüte war der Pfirsichbaum in seiner Heimat China nicht nur deshalb hoch angesehen.
Heute gedeiht der kleinwüchsige Baum mit den begehrten Früchten überall auf der Welt mit warmem und gemäßigtem Klima. So gilt beispielsweise Italien als Pfirsichgarten Europas.
Pfirsiche schmecken saftig, süß und sehr aromatisch. Unterschieden werden die Pfirsiche nach der Farbe des Fleisches: weiß, gelb oder rötlich (bei den eher seltenen Blutpfirsichen), nach der guten oder schlechten Lösbarkeit des Steines (in der Regel lässt er sich aus den frühen Sorten eher schlecht lösen, je weiter die Saison fortschreitet, desto besser) und nach der Haut. Galten weißfleischige Früchte, von denen es übrigens fast nur frühe und mittelspäte Sorten gibt, bis vor einiger Zeit als besonders aromatisch (vor allem die aus Italien), kann man inzwischen auch weiße Sorten finden, die eher fade schmecken. Am besten verlässt man sich auf seine Nase: Gute Pfirsiche duften auch intensiv und verführerisch.
Früchte mit glatter Schale heißen Nektarinen. Wie sie entstanden sind, ist nicht geklärt. Sie könnten sowohl eine Mutation des Pfirsichs sein wie auch aus einer Kreuzung aus Pfirsich und Pflaume entstanden sein. Im Gegensatz zum Pfirsich haben Nektarinen außer der glatten Schale ein festeres Fleisch. Bezüglich des Aromas sind sie dem Pfirsich sehr ähnlich, einige Sorten schmecken aber etwas säuerlicher. Auch Nektarinen gibt es inzwischen mit weißem Fleisch zu kaufen.
Die Pfirsich- und Nektarinensaison beginnt Mitte Mai mit Importen aus den südlichen Nachbarländern und endet im September. Pfirsiche und Nektarinen aus dem heimischen Anbau spielen auf dem Markt keine Rolle, und auch die Importe aus Südafrika, Chile und Argentinien während der Wintermonate sind gering.
Da Nektarinen und Pfirsiche druck- und stoßempfindlich sind, müssen sie unreif und hart geerntet werden, damit sie den Transport überstehen. Ihr volles Aroma erreichen sie beim Nachreifen leider nicht, was man gut testen kann, wenn man einmal in Italien oder Griechenland reif gepflückte Pfirsiche bekommt.
Wichtig: Pfirsiche und Nektarinen schmecken nicht, wenn sie kalt sind. Also vor dem Essen immer 1–2 Tage bei Zimmertemperatur liegen lassen.
Sowohl Pfirsiche wie auch Nektarinen enthalten viel Karotin, Vitamin C sowie die Mineralstoffe Phosphor, Calcium, Kalium und Eisen. Von ganz reifen Früchten lässt sich die Haut übrigens problemlos abzie-

hen. Sind sie noch nicht vollkommen ausgereift, muss man etwas nachhelfen: Wie Tomaten mit kochendem Wasser überbrühen, kurz ziehen lassen und kalt abschrecken. Jetzt lässt sich die Haut leicht ablösen. Nektarinen werden in der Regel nicht gehäutet, da die Haut glatt und wenig störend ist. Wer sie aber lieber ohne Haut mag, macht es genau wie bei den Pfirsichen.

Marzipan-Pfirsich-Kuchen

8 Portionen

- 300 g süßer Mürbeteig, Rezept s. S. 140
- 100 g Butter, zimmerwarm
- 80 g Zucker
- 100 g Marzipan
- 4 Eier, zimmerwarm
- 120 g gemahlene Mandeln
- 60 g Mehl, gesiebt
- 4–5 Pfirsiche oder Nektarinen
- Puderzucker zum Bestreuen

Mürbeteig ausrollen, damit den Boden einer 26-cm-Springform belegen und zusammen mit den Teigresten für den Rand 30 Min. kühl stellen. Boden mehrfach mit der Gabel einstechen und bei 200° C 8–10 Min. vorbacken. Abkühlen lassen, Teigrand ansetzen. Butter und Zucker cremig rühren. Marzipan raspeln, ein Ei zugeben und mit dem Pürierstab zu einer glatten Creme rühren. Dann zuerst die Creme unter die Buttermischung schlagen, danach einzeln die Eier. So lange schlagen, bis eine helle Creme entstanden ist. Zum Schluss Mandeln und das Mehl kurz unterrühren. Mischung auf den Mürbeteigboden streichen. Pfirsiche vierteln, Kerne entfernen, Fruchtfleisch in Scheiben schneiden und dekorativ in die Füllung drücken. Im vorgeheizten Backofen bei 180° C 25–35 Min. backen.
Warm oder kalt mit Puderzucker bestäubt servieren.

Geschmortes Kassler mit Pfirsichen

- 1 kg Pfirsiche
- 5 Schalotten
- 1 unbehandelte Zitrone
- 1/2 Flasche Rotwein
- 2 EL flüssiger Honig
- 10 Nelken
- 1 kg Kassler mit Knochen, in dicken Scheiben
- 400 g durchwachsener Speck, geräuchert
- 1 TL Kreuzkümmel
- Pfeffer, im Mörser zerstoßen

Pfirsiche mit kochendem Wasser übergießen und häuten. Schalotten in dünne Ringe schneiden. Rotwein, abgeriebene Zitronenschale, Zitronensaft, Honig, Nelken und Schalotten aufkochen, ganze Pfirsiche in den Sud geben und ca. 15 Min. auf kleiner Flamme kochen lassen. Durchwachsenen Speck in Scheiben schneiden und 10 Min. in kochendem Wasser blanchieren, abtropfen lassen. Kassler und Speckscheiben in eine Bratform legen. Pfirsiche aus dem Kochsud heben, beiseite stellen. Kochsud über das Fleisch gießen und mindestens 1 Std. marinieren. Backofen auf 230° C vorheizen. Fleisch mit Pfeffer und Kreuzkümmel bestreuen und 30 Min. backen, dabei öfters die Marinade über das Fleisch löffeln. Pfirsichkerne entfernen, Fruchtfleisch in dicke Scheiben schneiden und zwischen den Fleischstücken verteilen. Weitere 20 Min. backen. Falls sich zu viel Flüssigkeit gebildet hat, etwas einkochen lassen und dann über Fleisch und Pfirsiche gießen.
Dazu Kartoffeln, Reis oder Weißbrot reichen.

Paprika-Pfirsich-Salat

4-6 Portionen

- 10 bunte Paprika
- 4 Pfirsiche oder Nektarinen

Vinaigrette:

- 100 ml Olivenöl Extra Vergine
- Saft von 1/2 Zitrone
- 1/2 TL flüssiger Honig
- 1 Knoblauchzehe, durchgepresst
- Salz, Pfeffer aus dem Mörser
- 1 Bund Basilikum, grob zerpflückt

Paprika halbieren, Stiel und Kerne entfernen, im Backofen grillen, bis die Haut Blasen wirft. In einem Tiefkühlbeutel etwas abkühlen lassen, dann die Haut abziehen. Paprika in Streifen schneiden. Die Zutaten für die Vinaigrette verrühren. Pfirsiche mit kochendem Wasser übergießen, häuten, entkernen und in Scheiben schneiden. Mit den Paprikastreifen in der Vinaigrette marinieren. Mit Basilikum bestreut servieren.

PFLAUMEN

Wenn die Wespen anfangen, lästig zu fallen, hat die Pflaumensaison begonnen. Aber was sind nun eigentlich Pflaumen? Oberbegriff und Eigenname zugleich – für Zwetschen oder Zwetschgen, Renekloden oder Reineclauden, für Mirabellen und für Pflaumen.

Der Reihe nach: Zwetschen sind länglich mit eher spitzen Enden und blauviolett. Das goldgelbe Fruchtfleisch lässt sich relativ leicht vom Stein lösen. Der weißliche Belag auf Zwetschen ist ein natürlicher Schutz der Frucht vor dem Austrocknen, der keinesfalls schädlich ist und sich zudem gut abwischen lässt. Er sollte auf den Früchten möglichst gut erhalten sein.

Renekloden gibt es grün, gelb und rot. Sie sind rund, leicht säuerlich und meist sehr aromatisch. Das Fruchtfleisch lässt sich schwer vom Stein lösen.

Mirabellen sind klein und kugelrund, meist gelb und süß und aromatisch. Sie lassen sich gut vom Stein lösen.

Pflaumen sind rund mit runden Enden, rot oder blau oder auch gelb. Sie lassen sich schlecht vom Stein lösen.

Dass man Zwetschen und Pflaumen trotzdem oft schwer unterscheiden kann, liegt daran, dass es zahlreiche Kreuzungen zwischen beiden gibt, die die Unterschiede verschwinden lassen. Pflaumen wachsen überall auf der Welt, nur die Mirabelle mag es mild und wächst am besten in Weinbaugebieten.

Insgesamt kennt man weltweit wohl mehr als 2000 verschiedene Arten. Die Hauptsaison liegt zwischen Mai (Importe, zum Beispiel aus Italien) und Oktober. Renekloden und Mirabellen sind sehr leicht verderblich und sollten möglichst rasch gegessen oder verarbeitet werden. Dagegen hält sich vor allem die robuste Hauszwetsche länger frisch. Aber immer kühl aufbewahren, häufig kontrollieren und faule Früchte aussortieren.

Mirabellen und Renekloden schmecken am besten frisch, Pflaumen und besonders Zwetschen lassen sich auch gut zu Mus oder Kompott kochen, auf dem Kuchen backen oder zu Zwetschgenwasser verarbeiten.

Alle Pflaumen enthalten reichlich Zucker, Vitamine der B-Gruppe, Vitamin C und Karotin (Provitamin A). Bekanntlich helfen sie bei Darmträgheit, noch verstärkt tritt diese Wirkung in getrockneten Früchten auf.

Zwetschgenkuchen

ca. 1 kg Hefeteig, Rezept s. S. 140
2 kg Zwetschgen
100 g Zucker
1 TL Zimt

Hefeteig ausrollen, auf ein gefettetes Backblech legen und 15 Min. gehen lassen. Zwetschgen aufschneiden, entkernen und schuppenartig, mit der blauen Seite nach unten, auf den Hefeteig legen. Zucker und Zimt vermischen und über die Zwetschgen streuen. Bei 180° C ca. 45 Min. backen.

Backpflaumen-Schokoladen-Torte

300 g Mürbeteig, Rezept s. S. 140
100 g Butter
250 g entsteinte Backpflaumen
200 g zartbittere Schokolade, am besten 70 % Kakaoanteil
4 Eier
100 g hellbrauner Zucker
1 TL Vanillezucker, Rezept s. S. 140
2 unbehandelte Zitronen
1 EL Orangenmarmelade

Mürbeteig ausrollen und damit Boden und Rand einer 28–30-cm-Keramikform auslegen. 30 Min. kühl stellen. Dann bei 180° C 10 Min. vorbacken. Butter schmelzen, etwas abkühlen lassen. Schokolade und Backpflaumen hacken. Eier, Vanillezucker und braunen Zucker schaumig rühren. Zitronenschale abreiben, Saft auspressen und mit Butter, Orangenmarmelade und Eierschaum verrühren. Backpflaumen und Schokolade auf dem Teigboden verteilen, Eiermischung darüber gießen. Kuchen bei 180° C 25 Min. backen, dann eventuell mit Alufolie abdecken und weitere 15 Min. backen.
Lauwarm mit Schlagsahne servieren.

Pflaumenmus

1 kg blaue Pflaumen oder Zwetschgen
500 g Zucker
1 Zimtstange

Pflaumen waschen, halbieren und entkernen. In einen Stahltopf geben, mit Zucker bestreuen und 3–4 Std. Saft ziehen lassen. Zimtstange zugeben und zum Kochen bringen, dann bei geringer Hitze 1 1/2–2 Std. köcheln lassen, dabei öfter umrühren, es brennt leicht an. Zimtstange entfernen. Mus in heiße, sterilisierte Gläser füllen und verschließen.

Rotweinpflaumen

1 kg Pflaumen, halbiert, entkernt
200 ml süßlicher Rotwein
100 g Zucker
1 Vanillestange, längs halbiert
4 Nelken
1 Zimtstange
1 unbehandelte Zitrone
100 ml Zwetschgenwasser

Rotwein, Zucker, ausgekratztes Vanillemark, Vanillestange, Nelken, Zimt, dünn abgeschälte Zitronenschale und Zitronensaft zudeckt 15 Min. köcheln. Vanillestange, Zitronenschale und Zimtstange entfernen, die Pflaumen 15 Min. im Sud bei schwacher Hitze vorsichtig garen. Abkühlen lassen, Zwetschgenwasser zugeben.
Schmeckt gut zu Vanilleeis, Pfannkuchen oder Kaiserschmarren.

ANANAS

Was in den fünfziger Jahren vorwiegend gezuckert und in akkurate Ringe geschnitten in Dosen zu uns kam und als ganz besonderer Genuss galt, hat Christoph Kolumbus 1493 auf Guadeloupe entdeckt. Die Urheimat der Ananaspflanze, die feuchte Wärme und viel Sonne liebt, liegt im Grenzgebiet zwischen Brasilien, Paraguay und Argentinien, heute finden sich die bedeutendsten Anbaugebiete in Thailand, auf den Philippinen und den Hawaii-Inseln, in Brasilien, Indien, Vietnam, Mexiko und Indonesien.

Ananas werden unreif gepflückt und reifen auf der langen Reise nach. Das volle Aroma, das sie nur bekommen, wenn sie an der Pflanze ausreifen können, haben sie dann aber nicht zu bieten. Je ausgeprägter und je kleiner die Schuppen auf der Schale der Ananas sind, die man im übrigen nicht mitessen kann, desto aromatischer ist das Fruchtfleisch im Inneren der Frucht. Die Spitzen der Schuppen sollten jedoch gefärbt sein und die Ananas zudem am Stielansatz duften.

Aus Afrika und Südamerika kommen außer den auf Schiffen transportierten (die etwa 4 Wochen unterwegs sind) die sogenannten Fluganasas zu uns, die reif geerntet werden und köstlich schmecken, aber aufgrund des teureren Transportes auch nicht ganz billig sind. Die ebenfalls hocharomatischen Babyananas sind übrigens immer Flugananas. Wenn Sie die Ananas zu Hause noch lagern möchten, braucht sie einen kühlen Platz, aber nicht den Kühlschrank, denn darin würde ihr Aroma leiden.

Ananas enthalten Karotin (Provitamin A), Vitamin C und Vitamine der B-Gruppe, außerdem Zucker und Fruchtsäuren sowie die Mineralstoffe Eisen und Calcium. Ein besonderer Inhaltsstoff ist das Bromelin, ein eiweißspaltendes Enzym, das sich positiv auf die Verdauung auswirkt und vor allem für Menschen mit wenig Magensäure sehr hilfreich ist. Dieses Bromelin ist aber auch dafür verantwortlich, dass Ananascremespeisen mit Gelatine nicht richtig fest werden. Erst beim Erhitzen auf etwa 40° C verliert Bromelin seine Wirkung. Man kann das verhindern, indem man zum Festigen das pflanzliche Agar-Agar statt Gelatine verwendet. Hilfreich ist das Bromelin in Ananasfleisch und -saft bei der Zubereitung von nicht ganz zartem Fleisch, denn es macht es weicher und zarter.

Und so wird die Frucht geputzt: man schneidet den Schopf mit den Blättern und das untere Ende ab. Die Frucht dann entweder der Länge nach vierteln oder aber quer in Scheiben schneiden. Nun die Schale mit einem scharfen Messer abschneiden und die dunklen Augen, die jetzt noch im Fruchtfleisch sitzen, mit der Spitze eines kleinen Messers ausstechen. Der Kern der Ananas ist meist hart und zäh und sollte nicht mitverwendet oder aber sehr klein geschnitten werden.

Saftiger Ananaskuchen

6–8 Personen

1 kleine frische Ananas
1 Mango
5 cm frischer Ingwer
150 g weiche Butter
150 g Honig oder brauner Zucker
3 Eier
1 TL Backpulver
100 g feines Weizenmehl
100 g Vollkornweizenmehl
1/2 TL Piment, frisch im Mörser zerstoßen
3 EL Rum
2 EL brauner Zucker
250 ml Schlagsahne

Ananas schälen, vierteln, den holzigen Kern entfernen. Zwei Viertel in 1 cm dicke Scheiben schneiden, 2 Viertel würfeln. Beiseite stellen. Mango schälen und würfeln. Ingwer schälen und reiben. Ananaswürfel, Mangowürfel und geriebenen Ingwer mischen.
Butter und Honig schaumig schlagen, dann nach und nach die Eier dazugeben, weiterschlagen bis alles gut vermischt ist. Mehl, Backpulver und Piment durchsieben und mit dem Rum zügig in die Eierbuttermischung rühren. Ananaswürfel unterheben. Teig in eine gebutterte 22 cm Springform füllen und im vorgeheizten Backofen bei 190° C 30 Min. backen. Form aus dem Backofen nehmen.
Ananasscheiben und Mangomischung auf dem Teig verteilen, mit braunem Zucker bestreuen und weitere 20–30 Min. backen. Mit einem Holzstab prüfen, ob der Kuchen fertig gebacken ist. In der Form leicht abkühlen lassen. Dann Springform entfernen.
Schmeckt am Besten lauwarm mit kalter, geschlagener Sahne als Nachtisch.

Ananas-Quark-Torte

6–8 Personen

1 mittelgroße Ananas
1 unbehandelte Zitrone
2 EL Honig
1 Sternanis
250 g Zwieback oder Vollkornkekse
90 g Butter, geschmolzen
2 Eier
400 g Quark
200 ml Crème Fraîche
100 g Zucker
1 EL Vanillezucker, Rezept s. S. 140

Ananas schälen, vierteln, harten Strunk entfernen, Fruchtfleisch in Scheiben schneiden. Zitronenschale abreiben, für die Füllung aufheben. Saft auspressen. Ananasscheiben in Zitronensaft, Honig, etwas Wasser und Sternanis 5–10 Min. sanft köcheln. Ananasscheiben in einem Sieb abtropfen lassen, Sirup wieder in den Topf zurückschütten und einkochen, bis er dicklich wird. Zwieback mit Hilfe einer Nudelrolle in einem Tuch zerkrümeln, mit der geschmolzenen Butter vermischen und in eine 26 cm Springform drücken. 15 Min. bei 200° C backen. Währenddessen Eier schlagen und mit Quark, Crème Fraîche, Zucker, Vanillezucker, Zitronenschale und Ananassirup verrühren. Ananasscheiben auf dem noch warmen Boden verteilen, Füllung darübergießen, bei 200° C 25–35 Min. backen. Nicht bräunen lassen, die Füllung soll sich nur setzen. Gut gekühlt servieren.

Karamellisierte Ananasscheiben

1 kleine Ananas
4 EL Rum
2 EL Butter
Puderzucker zum Bestäuben

Quarkcreme:
500 g Quark
200 ml Schlagsahne
1 1/2 EL Vanillezucker, Rezept s. S. 140
2 Eiweiß, zu Eischnee geschlagen
1/2 EL Zitronensaft

Ananas schälen, halbieren und den harten Strunk entfernen, mit einem harten Sägemesser (Brotmesser) Ananas in sehr dünne Scheiben schneiden. In Rum 1 Std. ziehen lassen. Butter in einer beschichteten Pfanne erhitzen und die mit Puderzucker bestäubten Ananasscheiben darin karamellisieren. Schmeckt gut zu Eis oder Quarkcreme.

Für die Quarkcreme den Quark mehrere Stunden in einem Tuch entwässern. Schlagsahne zusammen mit Vanillezucker schlagen, unter den Quark rühren, mit Zucker abschmecken. Eiweiß und Zitronensaft steif schlagen, unter die Quarkmasse heben.

Ananasparfait mit Ananassauce

Für 4–6 Personen

- 1 große reife Ananas
- 5 Eigelb
- 100 g Honig oder Zucker
- 2 El Rum
- 500 ml Schlagsahne

Ananas schälen, holzigen Kern rausschneiden und wegwerfen, Fruchtfleisch würfeln und dabei den Saft auffangen. Die Hälfte der Würfel zusammen mit dem Saft und 50 g Honig ca. 10 Min. sanft kochen. Mit dem Pürierstab pürieren und abkühlen lassen.
Eigelb und 50 g Honig 5–10 Min. schaumig schlagen. Sahne steif schlagen, Ananaspüree, Rum und Eigelb verrühren, Schlagsahne unterheben. In einer Schüssel im Gefrierfach mindestens 8 Std. gefrieren lassen.
Die zweite Hälfte der Ananaswürfel mit etwas Saft und 1 EL Honig 30 Min. köcheln lassen. Auf Zimmertemperatur abgekühlt zum Parfait servieren.

Ananasgratin mit Rum

- 1 Ananas
- 30 g Butter
- 3 EL Rum
- 200 ml Crème Fraîche
- 60 g hellbrauner Zucker
- Minzeblättchen

Ananas schälen, vierteln, den harten Strunk entfernen, in etwa 1 cm dicke Scheiben schneiden. Eine Porzellanbackform buttern, Ananasscheiben darin gleichmäßig verteilen, mit Rum beträufeln, etwas durchziehen lassen. Crème Fraîche darüber streichen, mit Zucker bestreuen und bei 200 ° C 15–20 Min. backen, bis der Zucker karamellisiert. Noch warm mit Minze bestreut servieren.

Ananas-Chutney

- 1 mittelgroße Ananas
- 1 Kochapfel
- 2 Birnen
- 2 unbehandelte Zitronen
- 200 g Schalotten
- 200 g getrocknete Aprikosen, gewürfelt
- 750 ml Apfelessig
- 400 g Zucker
- 2 EL Salz
- 2 EL schwarze Senfkörner
- 1 1/2 EL grüner Pfeffer
- 50 g frischer Ingwer, fein gwürfelt
- 3 getrocknete Chilies

Ananas, Apfel und Birnen schälen. Den harten Strunk der Ananas entfernen und das Fruchtfleisch würfeln. Apfel und Birnen entkernen, ebenfalls würfeln. Die Enden der Zitronen wegschneiden, Zitronen vierteln und in dünne Scheiben schneiden, Schalotten schälen und würfeln, alles zusammen mit den Aprikosenwürfeln und dem Essig 15 Min. in einem großen emaillierten Topf kochen. Dann Zucker, Salz und die übrigen Gewürze zugeben, weiterkochen und rühren, bis der Zucker geschmolzen ist. Ab und zu umrühren und 50–60 Min. ohne Deckel weiterkochen, bis das Chutney dicklich wird. In heiße, sterilisierte Gläser füllen und verschließen. Gekühlt 1 Monat durchziehen lassen.

Ananas-Nudel-Salat

Für 4 Personen

- 2 gelbe Paprika, gewürfelt
- 100 g Champignons, in dünne Scheiben geschnitten
- 1 kleines Bund Frühlingszwiebeln, in kleine Ringe geschnitten
- 200 g frische Ananaswürfel
- 200 g Kirschtomaten, halbiert
- 12 schwarze Oliven, entkernt, grob gehackt
- 1 Bund Basilikum
- Salz und Pfeffer
- Saft von 1/2 Zitrone
- 120 ml Olivenöl Extra Vergine
- 1/2 TL Honig
- 500 g sehr dünne Spaghetti

Zitronensaft, Olivenöl, Honig, 1/4 TL Salz mit einem Schneebesen verschlagen. Paprika, Champignons, Frühlingszwiebeln, Ananaswürfel, Tomaten, Oliven und Basilikum in der Sauce vermengen, abschmecken und etwa 30 Min. bei Zimmertemperatur ziehen lassen.
Nudeln in Salzwasser garen, durch ein Sieb abgießen, kurz mit kaltem Wasser abschrecken bis sie nur noch lauwarm sind, gut abtropfen lassen.
Nudeln und Salat vermischen und sofort servieren. Dazu Weißbrot reichen.

Ananassalat mit lauwarmem, gebratenem Lachs

Für 4 Personen

In einer Schüssel Zitronensaft, Olivenöl, Honig und Salz zu einer Vinaigrette verschlagen, Basilikum, Ananaswürfel, Tomatenwürfel, Paprikawürfel und Champignons zugeben, alles vermengen und ca. 1/2 Std. ziehen lassen (bei Zimmertemperatur). Lachsfilets mit Salz und Pfeffer würzen, dann in Butter von beiden Seiten bei mittlerer Temperatur braten. Eisbergsalat in feine Streifen schneiden und mit den übrigen Salatzutaten vermischen. Lachs auf gewärmte Teller legen, mit Salat bedecken und sofort servieren. Dazu passt Weißbrot.

200 g frische Ananas, gewürfelt
4 mittelgroße Tomaten, gewürfelt
2 EL gehacktes frisches Basilikum
1 gelbe Paprika, gewürfelt
10 frische Champignons
4 frische Lachsfilets
Butter zum Braten
1/2 Eisbergsalat

Vinaigrette:
Saft von 1/2 Zitrone
120 ml Olivenöl Extra Vergine
1/2 TL Honig
Salz, Pfeffer aus dem Mörser

Ananas-Tomaten-Sauce mit Fleischklößchen

Für 4 Personen

Gewürze in einer Schüssel mischen. Die Tomatensauce mit Honig und Zitronensaft mischen, beiseite stellen.
Hack, Brötchen, Zwiebelwürfel, Eier, Knoblauch, Thymian, Pfeffer, Salz mit einer Gabel in einer Schüssel vermischen, kleine Bälle formen. Öl in einem weiten Topf erhitzen, Hackbälle nach und nach von allen Seiten anbraten. Mit Lochkelle aus dem Topf heben, in einer Schüssel warm halten, bis alle Hackbälle gebräunt sind. Öl aus dem Topf kippen, neues Öl erhitzen und die Gewürze 1/2 Min. anbraten. Mit Weißwein ablöschen und dabei die braunen Teile vom Topfboden kratzen. Sauce in den Topf geben, umrühren, Hackbällchen dazugeben und ca. 15 Min. bei schwacher Hitze köcheln lassen. Ananasstücke in den Topf geben, 5 Min. ziehen lassen, mit Zitronenblattstreifen bestreuen und servieren.
Dazu Kartoffeln oder Brot reichen.

1 1/2 TL grobes Chili
1 TL zerstoßene Koriandersamen
1 TL Thymian
1/2 TL frisch zerstoßener schwarzer Pfeffer
Salz
600 ml Tomatensauce, eingekocht aus 1 kg reifen Tomaten
1 TL Honig
1 1/2 EL Zitronensaft
100 ml Weißwein
750 g Rinderhack (oder Lamm)
1 Brötchen, eingeweicht und ausgedrückt
2 kleine Zwiebeln, fein gewürfelt
2 Eier
2 Knoblauchzehen, zerdrückt
1/2 TL Thymian
Pfeffer und Salz
3 EL Olivenöl
500 g frische Ananas, in kleine Würfel geschnitten
1 EL frische Zitronenblätter, in feine Streifen geschnitten

Muschel-Lauch-Topf mit Anannas

Für 4 Personen

Öl in einem großen emaillierten Topf erhitzen, Knoblauch und Schalotten 5 Min. andünsten, Lauch-, Fenchel- und die Hälfte der Ananaswürfel dazugeben und weitere 5 Min. dünsten, Weißwein angießen, aufkochen, Miesmuscheln dazugeben und bei hoher Temperatur zugedeckt etwa 5 Min. kochen. Danach sollten die Muscheln geöffnet sein. Muscheln aus dem Topf nehmen, geschlossene Muscheln wegwerfen, Muschelfleisch auslösen und wieder in den Topf geben. Warme Hühnerbrühe, Sahne, Crème Fraîche und die zweite Hälfte der Ananaswürfel dazugeben und vorsichtig erhitzen, nicht kochen. Mit Salz und Pfeffer aus dem Mörser abschmecken. Mit Fenchelkraut bestreut servieren. Dazu passt Weißbrot.

400 g Lauch, in feine Ringe geschnitten
1 Fenchelknolle, fein gewürfelt
250 g frische Ananaswürfel
3 Knoblauchzehen, gehackt
2 Schalotten, fein gewürfelt
4 EL Öl
150 ml trockener Weißwein
200 ml Hühnerbrühe
1 kg Miesmuscheln, sauber gebürstet
1 Becher Sahne
1 Becher Crème Fraîche
Pfeffer, wenig Salz
1 Bund Fenchelgrün, gehackt

APFELSINEN

Ein Winter ohne sie? Kaum vorstellbar, bringt die leuchtende Orange doch sonnige Gefühle und vor allem kräftig Vitamine in unsere kühleren Gefilde.
Zählte die Apfelsine bis vor wenigen Jahrzehnten noch als Luxusgut, das man sich nur zu Weihnachten gönnte, ist sie heute nahezu in jedem Haushalt zu finden.
Ihren Ursprung nahm die begehrte Frucht vor etwa 3000 Jahren im Süden Chinas, ihr Name – Apfel aus China – weist darauf hin. Heute kultiviert man sie in allen wärmeren Zonen der Erde, von den Mittelmeerländern über Südafrika bis nach Kalifornien und Australien.
Von den über 400 Orangensorten haben nur wenige für den Handel Bedeutung und die wenigsten Namen spielen beim Kauf eine Rolle. Meist kauft man Orangen danach, ob man sie ganz essen möchte oder aber auf den ausgepressten Saft Wert legt. Zum Rohessen werden hauptsächlich Navelorangen oder Navelinas verkauft, zum Auspressen die Halbblutorangen Moro oder Tarocco. Die rötlich gefärbten Orangen kommen etwas später auf den Markt, erst ab etwa Dezember bis März, weil kalte Nächte Bedingung dafür sind, dass sich sowohl die Schale wie auch das Fruchtfleisch rötlich färben.
Eine ebenfalls gängige Aufteilung ist die in Winter- und Sommerorangen, wobei den Sommerorangen so gut wie keine Bedeutung zukommt, weil in den Sommermonaten das Angebot an frischen Früchten so groß ist, dass kaum jemand Orangen kaufen möchte.
So sind Orangen vor allem im Winter unsere wichtigsten Vitamin-C-Lieferanten. Außerdem enthält die Frucht neben anderen Vitaminen die Mineralstoffe Phosphor und Eisen. Ihren feinen Geschmack hat die Apfelsine ihrem Gehalt an Zucker und Säuren, vor allem Zitronen-, Apfel- und Weinsäure zu verdanken.
Orangen haben meist behandelte Schalen, die man vor dem Schälen sogar waschen sollte, damit keiner der unliebsamen Stoffe an den Händen haftet. Die Schale wird mehrmals eingeschnitten und dann abgezogen. Die weißen Schalenteile auf der fast transparenten Haut der einzelnen Segmente oder Filets sollte man ebenfalls gründlich ablösen, denn sie schmeckt nicht besonders gut. Wer die Orangen für feine Desserts oder Cremes verwenden möchte, sollte sie zudem filetieren. Dazu wird die Orange mit einem Messer so geschält, dass die transparente Haut mit entfernt wird. Das Fruchtfleisch liegt jetzt sichtbar frei, und die Filets können nun zwischen den Trennwänden mit einem kleinen scharfen Messer leicht herausgeschnitten werden.

Apfelsinen-Apfel-Torte

250 g Mürbeteig, Rezept s. S. 140, mit der abgeriebenen Schale einer Apfelsine
600 g Kochäpfel, z.B. Boskop
4 große Apfelsinen, unbehandelt
60 g Honig
3 EL Mandelblättchen, angeröstet
3 EL Orangenmarmelade, Rezept s. S. 92
Saft von 1/2 Zitrone

Mürbeteig ausrollen, den Boden einer 23-cm-Springform damit belegen. Im Kühlschrank ruhen lassen, auch die Teigreste für den Rand. Backofen auf 200° C vorheizen, währenddessen die Mandelblättchen im Ofen kurz anrösten. Apfelsinen, auch die weiße Innenhaut, abschälen, in sehr dünne Scheiben schneiden, Saft auffangen. Äpfel waschen, in Scheiben schneiden und mit den Kerngehäusen im Apfelsinensaft ohne Deckel weich kochen. Dabei möglichst viel Flüssigkeit verdampfen lassen. Durch ein Sieb passieren, mit Honig abschmecken. Teigboden 8–10 Min. vorbacken. Etwas abkühlen lassen, Teigrand ansetzen, Mandelblättchen auf dem Boden verteilen, Apfelmus darüberstreichen und die Apfelsinenscheiben so darauf legen, dass sie sich nur wenig überlappen. Den Kuchen 20–30 Min. bei 190° C backen. Orangenmarmelade zusammen mit dem Zitronensaft erwärmen und über den fertigen Kuchen streichen. Schmeckt am besten warm mit kalter Schlagsahne.

Apfelsinensirupkuchen

300 g Mehl
2 TL Backpulver
250 g Butter, zimmerwarm
150 g Zucker
70 g kandierte Apfelsinenschale, Rezept s. S. 92
3 Eigelb, zimmerwarm
200 ml Crème Fraîche
5 EL Apfelsinensaft
125 g gemahlene Mandeln
3 Eiweiß, zimmerwarm
Saft von 1 großen Apfelsine
Saft von 1 Zitrone
125 g Honig
5 cm Zimtstange

Eine Guglhupf- oder Ringform ausbuttern. Mehl und Backpulver durchsieben. Butter cremig rühren, langsam den Zucker zufügen und ca. 10 Min. weiterrühren, bis der Zucker aufgelöst ist. Zunächst nach und nach 3 Eigelb unterrühren, dann Crème Fraîche, den Saft, gemahlene Mandeln und die feingehackte Apfelsinenschale. Rühren, bis der Teig sehr luftig ist. Danach das Mehlgemisch zufügen und zügig unterrühren, Eiweiß zu Schnee schlagen, vorsichtig unter den Teig heben und dann in die Form geben. Bei 180° C etwa 45–60 Min. backen, bis der Kuchen goldbraun ist. Inzwischen Apfelsinen- und Zitronensaft, Honig und Zimtstange in einem Topf bei niedriger Temperatur 5–10 Min. zu Sirup einkochen. Den Kuchen, wenn er gar ist, noch etwa 10 Min. in der Form abkühlen lassen. Dann auf einen warmen Teller stürzen. Sofort den heißen Sirup mit einem Löffel auf dem Kuchen verteilen und einziehen lassen. Lauwarm servieren.

Blutapfelsinenschaum

Für 6 Personen

5 Blatt weiße Gelatine
2 Eiweiß
75 g Puderzucker
250 ml Schlagsahne
60 ml Blutorangensaft
1 TL Rosenwasser
2 Eigelb
Schale und Saft von 1 unbehandelten Orange
Schale und Saft von 1 unbehandelten Zitrone
3 Eiweiß
30 g Puderzucker
Puderzucker zum Bestreuen

Gelatine in kaltem Wasser einweichen.
2 Eiweiß zu Eischnee schlagen, 75 g Zucker nach und nach dazugeben, weiterschlagen, bis der Schnee sehr steif ist. Kühl stellen. Schlagsahne halbsteif schlagen, kühl stellen. Orangen- und Zitronensaft aufkochen, Rosenwasser und ausgedrückte Gelatine dazugeben. Rühren, bis sich die Gelatine aufgelöst hat. Nur leicht abkühlen lassen und mit den Eigelb 5 Min. aufschlagen. Abgeriebene Apfelsinen- und Zitronenschale dazugeben. 3 Eiweiß mit 30 g Zucker und 1 Prise Salz zu Schnee schlagen. Zuerst den kalt gestellten Eischnee unter die Eigelbmasse heben, dann die Schlagsahne, dann den zuletzt geschlagenen Eischnee. Den Rand einer 22-cm-Springform mit Backpapier auslegen, Schaum einfüllen und 6–8 Std. kalt stellen. Mit Puderzucker bestreuen, Grill vorheizen, den Schaum auf der obersten Einschubleiste 30–40 Sek leicht bräunen.
Mit Apfelsinenkompott (Rezept s. S. 92) servieren.

Joghurt-Apfelsinen-Eis

50 ml Saft von 1 Sevilla-Apfelsine
50 ml Apfelsinensaft
130 g Honig oder Zucker
2 Blatt weiße Gelatine
300 g Magerjoghurt
200 g Quark
1 Zitrone
250 ml Schlagsahne
abgeriebene Schale von 1 Apfelsine

Gelatine in kaltem Wasser einweichen. Honig und Apfelsinensaft zu einem Sirup einkochen (5 Min.). Gelatine ausdrücken, im Sirup auflösen. Mit Joghurt und Quark in einer Schüssel verrühren. Mit Zitronensaft abschmecken. Geschlagene Sahne und Apfelsinenschale unterrühren. Die Masse in einer Eismaschine ca. 20–30 Min. gefrieren lassen, oder im Gefrierfach (Anleitung s. S. 140).

Apfelsinenkompott

5 Apfelsinen
1 unbehandelte Apfelsine
200 ml frischer Apfelsinensaft
70 g Zucker
2 TL Speisestärke
2 EL Grand Marnier
2 Zitronenblätter oder Zitronenmelisse, in sehr feine Streifen geschnitten

Die unbehandelte Apfelsine gründlich waschen, mit einem Zestenschneider die Schale in dünnen Streifen abschälen. Saft auspressen. 5 Apfelsinen abschälen, auch die weiße Innenhaut. Fruchtfilets zwischen den Trennhäuten herausschneiden, dabei den Saft auffangen. Filets in einem Sieb abtropfen lassen. Restsaft aus den Häuten mit der Hand auspressen. Zucker in einem Topf goldbraun schmelzen, mit 200 ml Saft ablöschen. Speisestärke in dem aufgefangenen Saft anrühren und im Sirup aufkochen. Alles 10 Min. einkochen lassen. Mit Apfelsinenschale und Grand Marnier abschmecken und noch warm über die Apfelsinenfilets gießen. Mit Melisse bestreut lauwarm oder kalt servieren.
Schmeckt gut zu Eiscreme, Pfannkuchen, Apfelsinenrisotto und Apfelsinenschaum.

Kandierte Apfelsinen- und Zitrusschalen

350 g Schalen von unbehandelten Apfelsinen, Grapefruits und Zitronen
500 g Zucker

Die Schalen von Apfelsinen, Grapefruits und Zitronen waschen und in reichlich Wasser 10 Min. kochen. Abgießen und in frischem Wasser weitere 30 Min. kochen. Den Zucker mit 200 ml Wasser zum Kochen bringen, bis der Zucker geschmolzen ist. Schale zugeben, 2–3 Std. sanft köcheln lassen, bis der Sirup fast eingekocht ist. (Restsirup für Joghurt-Apfelsinen-Eis aufheben.) Schalen zum Trocknen auf ein Kuchenblech legen, das mit Backpapier ausgelegt ist. Entweder im Backofen bei 50° C und leicht geöffneter Tür trocknen, oder auf der Heizung oder einem anderen trockenen, warmen Platz. Das Trocknen kann bis zu 2 Tage dauern. Danach in Zucker wälzen und in einer festschließenden Dose aufheben. Hält sich etwa 1 Jahr lang. Oder die Schalen in Streifen schneiden, in flüssige Schokolade tauchen und als Pralinés zum Kaffee servieren.

Orangenmarmelade von Blutapfelsinen oder Bitterorangen

1 kg Blutapfelsinen, unbehandelt
1 Zitrone, unbehandelt
1,5 kg Zucker

Apfelsinen und Zitronen waschen, Endstücke abschneiden und wegwerfen, alles in sehr dünne Scheiben schneiden, dabei den Saft auffangen. Alles, auch die Kerne, in einen Topf geben und mit 500–800 ml Wasser gerade eben bedecken und 24 Std. einweichen. Danach 30–60 Min. sanft mit geschlossenem Deckel kochen. Topfinhalt abwiegen, die gleiche Menge Zucker hinzufügen und alles ca. 1 1/2 Std. bei niedriger Hitze ohne Deckel köcheln lassen, bis der Gelierpunkt erreicht ist, dabei öfter umrühren. Die Kerne, die während des Kochens aufsteigen, abschöpfen. Die noch heiße Marmelade in saubere, heiße Gläser füllen und sofort verschließen.

Apfelsinen-Zwiebel-Salat mit Fenchel

4 Portionen

4 Apfelsinen
1 Fenchelknolle
200 g milde rote oder weiße Zwiebeln
1/2 EL gehacktes Fenchelkraut
1/2 EL gehackte glatte Petersilie

Vinaigrette:
Saft von 1 Apfelsine
1/2 TL Honig
Saft von 1/2 Zitrone
8 EL Olivenöl
Salz, Pfeffer aus dem Mörser

Vinaigrettezutaten vermischen. Apfelsinen, auch die weiße Innenhaut, abschälen, in sehr dünne Scheiben schneiden. Fenchel ebenfalls in sehr dünne Scheiben schneiden. Beides auf einem Teller mit einem Teil der Vinaigrette beträufeln und kurz durchziehen lassen. Zwiebeln in feine Scheiben schneiden, untermischen, Salat mit der restlichen Vinaigrette beträufeln und mit Kräutern bestreut servieren.

Apfelsinensalat mit Couscous

4 Portionen

5 Apfelsinen
1 Grapefruit
75 ml frischer Apfelsinensaft
75 g Couscous (fertig vorgekocht)
2 Chicorée
1/2 Bund Frühlingszwiebeln
100 g Feldsalat
1 reife Avocado
Zitronenmelisse

Vinaigrette:
6 EL Olivenöl, kaltgepresst
4 EL frisch gepresster Apfelsinensaft
2 EL frisch gepresster Zitronensaft
1/2 TL abgeriebene Zitronenschale
1/2 TL abgeriebene Apfelsinenschale
1/2 TL Honig
Salz, Pfeffer aus dem Mörser

Apfelsinen und Grapefruit, auch die weiße Innenhaut, schälen. Fruchtfilets zwischen den Trennhäuten herauslösen und dabei den Saft auffangen, den Saft der Trennhäute mit der Hand auspressen. Apfelsinensaft über das Couscous geben, Couscous 15 Min. quellen lassen, dabei Couscous mehrfach mit der Gabel auflockern. Vinaigrette anrühren und mit Salz und Peffer abschmecken. Chicorée in Ringe schneiden, Zwiebeln in sehr feine Ringe schneiden. Avocado schälen, entkernen, in Scheiben schneiden, in der Vinaigrette wenden und auf vier Teller verteilen. Feldsalat, Chicorée und Zwiebeln mischen und auf den Tellern verteilen, Fruchtfilets darauflegen, Couscous darüber krümeln, alles mit Vinaigrette begießen und mit feingeschnittener Melisse bestreut servieren.

Apfelsinenrisotto

Für 8 Personen

40 g Butter
200 g Risottoreis
800 ml Apfelsinensaft, frisch gepresst
2 Vanilleschoten
1 unbehandelte Apfelsine
2 Blatt weiße Gelatine
70 g Honig oder Zucker
200 ml Sahne
2 Eiweiß

Apfelsinensaft erhitzen. Gelatine in kaltem Wasser einweichen. Butter erhitzen, Reis dazugeben und rührend glasig dünsten. Mit einem Drittel des Apfelsinensaftes aufgießen und bei nicht zu starker Hitze einkochen, dabei öfter umrühren. Etwas Saft auffüllen und wieder einkochen lassen. Vorgang wiederholen, bis der Saft verbraucht und der Reis nach 20–30 Min. gar ist. Orangenschale abreiben, Vanilleschoten aufschneiden, Mark herauskratzen, mit der Schale in den Reis rühren. Apfelsine auspressen und mit Honig oder Zucker 5 Min. lang zu Sirup einkochen. Gelatine etwas ausdrücken, im Sirup auflösen und unter den fertigen Reis rühren, 30 Min. abkühlen lassen. Sahne etwas aufschlagen und unter das Risotto rühren. Eiweiß zu sehr steifem Schnee schlagen und unter das Risotto heben. In Portionsschälchen füllen und mindestens 6 Stunden abkühlen lassen. Zusammen mit Apfelsinenkompott (Rezept s. S. 92) servieren.

BANANEN

Kaum zu glauben: Erst vor gut 100 Jahren kam die Banane nach Europa und gehört doch zu den ältesten Kulturpflanzen der Welt. Um ebenso beliebt zu werden wie in ihrer Heimat, musste sich die Frucht aber nicht groß anstrengen, und heute steht sie in der Gunst der Konsumenten gleich nach dem Apfel an zweiter Stelle.
Die ältesten Aufzeichnungen über das Vorkommen der begehrten Frucht stammen aus Indien, die Banane wächst aber heute in Süd- und Mittelamerika ebenso wie im tropischen Afrika.
Bananen wachsen an 6–8 m hohen Stauden. Aus dem Blütenstand entwickeln sich mehrere Blütenreihen mit jeweils bis zu 20 Bananen. So wachsen an diesem einen Blütenstand bis zu 200 Bananen. Der Name der süßen Frucht kommt übrigens vom arabischen Wort für Finger: banan.
Bananen sind ausgesprochen mineralstoff- und vitaminreich. Sie enthalten Phosphor, Eisen, Kalium und Magnesium sowie die Vitamine A, E, B1, B2, B6, Niacin und C. Außerdem sind sie sehr ballaststoffreich und dabei doch leicht verdaulich.
Unterschieden werden Obst- und Kochbananen. Obstbananen sind unreif grün, reif gelb, und überreife Früchte erkennt man an der braunen Schale. Kochbananen, die inzwischen auch bei uns häufiger angeboten werden, sind größer, mehlig und weniger aromatisch. Sie schmecken nur gegart – also gekocht, gebraten oder frittiert – und sind in manchen tropischen Ländern ein wichtiges Grundnahrungsmittel. Kochbananen werden unreif zubereitet und lassen sich schwer schälen. Eventuell muss man die Schale mit einem Messer abschneiden.
Eine spezielle Züchtung und immer beliebter sind die kleinen und hocharomatischen Babybananen.
Auch die Obstbananen werden unreif geerntet und in speziellen Kühlschiffen transportiert. Dort gibt man sie dann in spezielle Bananenreifereien, wo sie in mit Äthylen (ein z.B. in Äpfeln natürlich vorkommendes Reifungsmittel) angereicherter Luft in vier bis acht Tagen reif werden.
Bananen sind druckempfindlich und sollten nach dem Einkauf nicht zu lange gelagert werden, da sie überreif mehlig schmecken. Wer sie etwas länger lagern möchte, kauft am besten noch grüne Früchte und lässt sie bei Zimmertemperatur nachreifen. Kleine schwarze Flecken auf der gelben Schale weisen auf die volle Reife der Frucht hin, zeigen aber auch an, dass sie jetzt bald gegessen werden sollte.
Obwohl Bananen meist roh gegessen werden, schmecken sie auch gekocht, gebraten oder frittiert. Auch getrocknet sind sie eine echte Köstlichkeit.
Bananen gibt es übrigens das ganze Jahr über in gleichbleibender Qualität und Preisklasse.

Bananenkuchen mit weißer Schokoladencreme

Für 6–8 Personen

ca. 300 g Mürbeteig, Rezept s. S. 140
250 ml Milch
1/2 Vanilleschote
3 große Eigelb
80 g Zucker
20 g Speisestärke
40 g kalte Butter, gewürfelt
50 g weiße Schokolade, gehackt
4 reife Bananen
Saft von 1/2 Zitrone
1 EL Rum
1 EL Amaretto
250 ml Sahne

Backofen auf 190° C vorheizen. Mürbeteig ausrollen und damit eine 26-cm-Springform, auch den Rand, auslegen. Mit Alufolie auskleiden, mit Bohnen füllen und 10–15 Min. vorbacken. Bohnen und Alufolie vorsichtig entfernen, Boden weitere 5–10 Min. backen, bis er goldbraun ist. Gut abkühlen lassen. Milch und längs aufgeschnittene Vanilleschote zum Kochen bringen. Zucker und Eigelb mit dem Elektromixer 2 Min. schaumig rühren, Speisestärke sorgfältig unterrühren, Vanillemark aus der Schote kratzen und zusammen mit der Milch unterrühren, langsam in die Eiermischung geben. Alles zurück in den Topf schütten und unter ständigem Schlagen zum Kochen bringen, 1 Min. kochen, vom Herd nehmen und Butter und weiße Schokolade unterrühren, bis eine gleichmäßige Creme entstanden ist. In eine Schüssel umfüllen, mit etwas Butter bestreichen, damit sich keine Haut bildet. Abkühlen lassen. Kurz vor dem Servieren Bananen in Scheiben schneiden und im Zitronensaft wälzen. Bananenscheiben zusammen mit Rum und Amaretto unter die Creme heben. Sahne schlagen, ebenfalls vorsichtig unterheben und dann alles auf dem abgekühlten Teigboden verteilen. Eventuell mit einigen Bananenscheiben und Kakaopulver dekorieren.

Bananenbrot mit Kokosraspeln

1/4 TL Salz
375 g ungebleichtes Mehl
1 1/2 TL Backpulver
120 g Butter
100 g brauner Zucker
2 große Eier
120 g saure Sahne
2 EL dunkler Rum
1 Zitrone, unbehandelt
500 g geschälte Bananen
70 g Kokosraspel

Backofen auf 180° C vorheizen. Eine eckige Brotform (23 x 13 x 7 cm L/H/B) einfetten. Mehl, Salz und Backpulver durchsieben. Butter und Zucker schaumig rühren, zuerst die Eier nacheinander unterrühren, dann saure Sahne, Rum, abgeriebene Zitronenschale von 1 Zitrone und den Saft von 1/2 Zitrone. Bananen mit einer Gabel zerdrücken und in den Teig rühren. Die Kokosraspel auf einem kleinen Kuchenblech im Backofen 4–5 Min. antoasten, dazwischen einmal durchmischen. Abkühlen lassen. Mehl zügig mit dem Teig verrühren, dann die Kokosraspel unterheben. Teig in die vorbereitete Form füllen und bei 180° C 60–70 Min. backen.
Lauwarm oder kalt servieren.

Bananenpfannkuchen

200 g geschälte, reife Bananen
Saft von 1/2 Zitrone
175 g Mehl
1 TL Backpulver
30 g Butter
250 ml Milch
3 Eier
2 EL Honig
2 TL Vanillezucker
1 Prise Salz
50 g gehackte Walnüsse
Puderzucker
Ahornsirup
neutrales Öl zum Backen

Bananen in kleine Würfel schneiden und mit Zitronensaft beträufeln. Mehl und Backpulver durchsieben. Butter schmelzen und etwas abkühlen lassen. Milch, Eier, Honig, Vanillezucker und Salz verquirlen, Butter, Bananen und Walnüsse zufügen, dann das Mehl kurz einrühren. Alles ca. 20 Min. quellen lassen. Öl in einer Teflonpfanne erhitzen, pro Pfannkuchen je 2 EL Teig verwenden, Pfannkuchen nach und nach backen. Fertige Pfannkuchen auf einer Platte im Backofen bei ca. 50° C warm halten. Mit Puderzucker, Ahornsirup oder Kiwi-Fruchtsauce (Rezept s. S. 121) servieren.

Bananen-Trifle

Schichtpudding

- 500 g fertig gebackener Biskuitteig, Rezept s. S. 140
- 3 EL Obstbrand
- 150 ml süßer Dessertwein (Sauternes)
- 500 ml Sahne
- 1 Vanillestange
- 2 große Eier
- 2 Eigelb
- 2 EL Zucker
- 2 EL Honig
- 40 g Speisestärke
- 1/2 Glas Aprikosenmarmelade
- 3–4 reife Bananen
- 200 ml Schlagsahne
- 2 EL Mandelblättchen

Biskuitteig in Scheiben schneiden, damit eine große Schüssel (für ca. 2 l) auslegen und mit Obstbrand und Dessertwein tränken. Sahne mit einer aufgeschlitzten Vanillestange zum Kochen bringen. Eier mit Zucker und Honig 1–2 Min. cremig schlagen, dann Speisestärke zufügen und sorgfältig verrühren. Die kochende Sahne unter ständigem Weiterschlagen langsam in die Eiermischung gießen. Alles in den Topf zurückgeben, Vanillemark auskratzen und in die Mischung geben, Vanillestange wegwerfen. Alles unter ständigem Rühren aufkochen, bis die Creme dicklich ist. Abschmecken und etwas abkühlen lassen. Marmelade auf dem Biskuitteig verteilen. Bananen in Scheiben schneiden und dicht nebeneinander, am Schüsselboden beginnend, auf dem Teig verteilen. Die lauwarme Vanillecreme vorsichtig in die Schüssel füllen, ohne dabei die Bananen zu verschieben. Mindestens 8 Stunden durchziehen und abkühlen lassen. Mandelblättchen rösten, Sahne schlagen. Mit einem Spritzbeutel ein Muster auf den Pudding spritzen und mit Mandelblättchen dekorieren.

Gebackene Bananen mit Grapefruit

- 1 rosa Grapefruit
- 1 gelbe Grapefruit
- 3 EL Orangenmarmelade, Rezept s. S. 92
- 4 feste Bananen
- 8 Pimentkörner, im Mörser zerstoßen
- 200 ml Joghurt oder Crème Fraîche

Backofen auf 200° C vorheizen. Rosa Grapefruit abschälen, auch die weiße Innenhaut, Segmente zwischen den Innenhäuten herausschneiden, dabei den Saft auffangen, mit der Hand den Saft aus den Häuten pressen. Saft der gelben Grapefruit auspressen. Orangenmarmelade vorsichtig erhitzen, vom Herd nehmen und mit Saft und Piment mischen. Bananen schälen, der Länge nach aufschneiden und zusammen mit den rosa Pampelmusensegmenten in einer flachen Auflaufform dicht nebeneinander legen, dann mit der Marmeladen-Saft-Mischung begießen. Im Backofen 20–25 Min. backen. Mit verquirltem Joghurt oder Crème Fraîche servieren.

Bananen-Schokoladen-Gratin

4 Portionen

- 7–8 reife Bananen (ca. 1 kg mit Schale)
- 100 ml Rum
- 1 TL Piment, frisch zerstoßen
- 100 g Zucker
- 50 ml Wasser
- 100 g Butter, in Würfel geschnitten
- 150 g zartbittere Schokolade
- 30 g Zucker
- 200 g Mehl
- 2 EL Kakaopulver
- 100 g Walnüsse oder Pekannüsse, grob gehackt

Bananen schälen, in dicke Scheiben schneiden, mit Rum und Piment mischen, in eine 25-cm-Back- oder Auflaufform füllen. Zucker in einem Topf vorsichtig erhitzen, bis er goldbraun ist. Wasser dazugeben und so lange rühren, bis sich der Karamell aufgelöst hat. Sofort über die Bananen gießen. Schokolade in einem Topf vorsichtig schmelzen, mit der Butter verrühren, Zucker, Mehl und Kakaopulver zufügen, alles kurz verrühren, bis eine krümelige Masse entstanden ist.
Nüsse unterrühren und alles locker auf den Bananen verteilen. Bei 190° C etwa 50 Min. backen. Schmeckt am Besten warm mit Schlagsahne.

Bananen-Mousse

4 Portionen

- 500 g reife Bananen
- Saft von 1 1/2 Zitronen
- Saft von 2 Clementinen oder 1 Apfelsine
- 60 g Honig
- 3 EL Kirschwasser
- 3 Blatt Gelatine
- 250 ml Schlagsahne
- 100 ml Joghurt

Gelatine in kaltem Wasser einweichen. Bananen schälen, in Stücke schneiden und zusammen mit Saft und Honig pürieren. Kirschwasser erwärmen, Gelatine darin auflösen und mit Bananenpüree und Joghurt verrühren. Schlagsahne nicht zu steif schlagen, vorsichtig unter das Püree heben und abkühlen lassen.

Bananeneis

Für 6 Personen

- 350 g geschälte, reife Bananen
- Saft von 1 1/2 Zitronen
- 125 ml Milch
- 200 ml Crème Fraîche
- 1 Vanillestange
- 150 g Honig
- 1 Becher Joghurt

Bananen in Scheiben schneiden und in Zitronensaft wälzen. Beiseite stellen. Milch, Crème Fraîche und aufgeschnittene Vanillestange aufkochen. Bananenscheiben darin 5 Min. bei 95° C köcheln lassen. Restlichen Zitronensaft aufheben. Vanillestangen rausfischen, Mark auskratzen und in die Milch geben. Abkühlen lassen. Honig dazugeben und alles pürieren. Joghurt und Zitronensaft unterrühren. In der Eismaschine 20–30 Min. gefrieren lassen, oder im Gefrierfach (Anleitung s. S. 140)

Frittierte Bananen

Für 4 Personen

- 4 Bananen
- 3 EL Rum
- 2 EL Zucker
- Minzeblätter, in Streifen geschnitten
- 150 g Mehl
- 1 Ei
- 30 ml Öl
- 90–100 ml Bier
- 2 Eiweiß
- Salz
- Pflanzenöl zum Ausbacken
- Puderzucker

Bananen in dicke Scheiben schneiden, mit Rum beträufeln, dann in Zucker wälzen. Mit Minze bestreut 1 Std. durchziehen lassen. Mehl in eine Schüssel sieben und in die Mitte eine Kuhle drücken, Ei, Öl und Bier dazugeben. Von der Mitte ausgehend das Mehl mit der Flüssigkeit verrühren. Teig etwa 30 Min. ruhen lassen. Eiweiß mit 1 Prise Salz zu steifem Eischnee schlagen und unter den Teig heben. Pflanzenöl erhitzen, Bananenstücke kurz in den Ausbackteig tauchen und frittieren, bis sie goldbraun sind. Auf Küchentüchern abtropfen lassen. Mit Puderzucker bestäubt servieren. Dazu Kiwi-Fruchtsauce (Rezept s. S. 121) servieren.

Bananensalat mit Zimtjoghurt

Für 4 Personen

- 4 Bananen
- 2 Apfelsinen
- 2 Kiwis
- Saft von 1/2 Zitrone
- 1 EL Honig
- 2 Sternanis
- 400 g Joghurt
- 1 EL Honig
- 1 TL Zimt

Apfelsinen abschälen, auch die weiße Innenhaut, Fruchtfilets zwischen den Trennhäuten herausschneiden, dabei den Saft auffangen und Hautreste mit der Hand auspressen. Bananen schälen, in Scheiben schneiden, Kiwis schälen und ebenfalls in Scheiben schneiden. Saft von Apfelsine und Zitrone mit dem Honig verrühren und über die Früchte gießen. Sternanis zufügen und 2 Std. ziehen lassen.
Joghurt mit Zimt und Honig schaumig schlagen und zum Bananensalat servieren.

EXOTISCHE FRÜCHTE

Manche sind uns schon so vertraut, dass wir sie fast schon zu den Einheimischen zählen, zum Beispiel die Banane und auch die Zitrone. Andere hingegen sind uns noch immer ein wenig fremd, wir haben sie vielleicht schon einmal gegessen, wissen aber nicht so recht, was man mit ihnen anfangen soll. Das soll sich in diesem Kapitel ändern!

Nehmen wir zum Beispiel die Mango: Sie ist die Nationalfrucht Indiens, wo sie schon vor 4000 Jahren angebaut wurde. Die Steinfrüchte wachsen an immergrünen, bis zu 30 m hohen Bäumen an langen Stielen. Die Farbe der Schale sagt übrigens nichts über den Reifezustand aus, sie ist abhängig von der Sorte. Die Reife der Mango erkennt man vielmehr daran, dass das Fruchtfleisch auf leichten Druck nachgibt. Ist es noch hart, reift es bei Zimmertemperatur innerhalb von wenigen Tagen nach. Grünschalige Mangos sind in der Regel schön süß, rotschalige etwas säuerlicher. Das Fruchtfleisch lässt sich schwer vom Stein lösen, am besten schneidet man es nach dem Entfernen der Schale in Schnitzen ab. Mangos gibt es das ganze Jahr über aus unterschiedlichen Ländern.

Die Passionsfrucht oder Maracuja kommt aus Süd- und Mittelamerika. Die Pflanze gehört zu den Lianen, die Früchte sind rund oder oval, gelb, rot, violett oder dunkelbraun, glatt oder schrumpelig. Schneidet man die Frucht auf, kommen bis zu 200 Kerne in einem weiß- bis gelblichen Fruchtfleisch zum Vorschein. Das süß-säuerliche Fruchtfleisch erinnert ein wenig an eine Mischung aus Pfirsichen und Beeren. Man isst es mitsamt den Kernen, am Besten löffelt man es einfach aus den Schalen heraus. Das Hauptangebot der Passionsfrucht liegt bei uns im Frühjahr und Sommer.

Die Sternfrucht oder Karambola stammt aus Südostasien, Indien und Malaysia, von wo sie noch immer ganzjährig zu uns kommt. Die 6–12 cm lange Beerenfrucht hat der Länge nach etwa fünf tiefe Einkerbungen. Schneidet man sie quer in Scheiben, sehen diese wie Sterne aus. Reif sind die goldgelben Früchte, wenn das Fruchtfleisch nicht mehr grün, sondern bernsteinfarben durch die Haut schimmert.

Die Kaki ist ebenfalls eine Beerenfrucht und stammt aus Japan, Südkorea und China. Die meisten Kakis sind orange bis tomatenrot, wenige auch gelb. Eine reife Kaki muss schön weich sein. Kakis schmecken süß und ziemlich mild, man zerteilt sie und zieht die Schale ab, oder aber man löffelt sie einfach aus. Meist werden Kakis von Oktober bis Juli angeboten.

Die Papaya kommt aus Südmexiko und Mittelamerika. Papayas hängen wie Trauben an bis zu 10 m hohen Bäumen. Die etwa 500 g schweren Früchte (sie können allerdings bis zu 9 kg wiegen) ähneln kleinen Melonen. Reife Früchte haben eine gelbgrüne bis gelbe Schale, unreife, die wie Gemüse zubereitet werden, sind grün. Reife Papayas schmecken sehr süß, allerdings fehlt ihnen jegliche Säure, die man deshalb zugeben sollte, gut passt Zitronensaft.

Mangostrudel

6–8 Portionen

250 g feines Mehl
2 EL Sonnenblumenöl
1/2 TL Salz
ca. 150 ml warmes Wasser

Füllung:
2–3 Mangos, ca. 1 kg
80 g Rosinen
50 g Zucker
100 g Kuchenbrösel
Saft und Schale von 1 Limone
50 ml Kirschwasser
65 g Pinienkerne
1 Eigelb

Mehl, Öl, Salz und Wasser zu einem geschmeidigen, weichen Teig kneten und dabei mehrmals auf die Arbeitsplatte werfen. In Folie wickeln und 3–4 Std. ruhen lassen. Für die Füllung Mangos schälen, entkernen, das Fruchtfleisch in feine Scheiben schneiden, mit Saft und Schale der Limone, Kirschwasser, Rosinen, Zucker, Brösel und Pinienkernen vermischen und durchziehen lassen. Teig halbieren, auf einem bemehlten Tuch dünn ausrollen, dann den Teig mit Öl einpinseln, mit dem Handrücken drunterfassen und den Teig ausziehen, bis er hauchdünn ist und das gesamte Tuch bedeckt. Dicke Ränder abschneiden. Die Hälfte der Füllung darauf verteilen, mit Hilfe des Tuches den Teig aufrollen, an den Seiten einschlagen, mit der Nahtstelle nach unten auf ein gefettetes Backblech setzen, mit Eigelb einpinseln. Vorgang mit der zweiten Hälfte wiederholen. Bei 220° C 30–40 Min. backen. Lauwarm mit Schlagsahne oder Vanillesauce servieren.

Mango-Passionsfrucht-Bavaroise

1 große, reife Mango, ca. 500 g
2 Passionsfrüchte
1 Limone
8 Blatt Gelatine
400 ml Milch
1 Vanillestange, längs aufgeschnitten
5 Eigelb
100 g Zucker
230 ml Sahne, geschlagen

Gelatine in kaltem Wasser einweichen. Milch mit Vanillestange zum Kochen bringen. Eigelb und Zucker schlagen, bis eine helle, dickliche Creme entstanden ist. Die kochende Milch in die Creme gießen, dabei ständig weiterschlagen. Zurück in den Topf gießen, erhitzen und zu einer dicklichen Creme schlagen. Nicht kochen lassen, sonst gerinnt das Eigelb. Gelatine ausdrücken und in der heißen Creme auflösen. Mango schälen, entkernen, grob würfeln. Limonenschale abreiben, Saft auspressen. Saft und Mango pürieren. Limonenschale und das Fruchtfleisch der Passionsfrucht mit dem Püree mischen, unter die Creme rühren und fast ganz abkühlen lassen. Sahne sehr steif schlagen und unter die Creme ziehen, sobald sie zu erstarren beginnt. Puddingform sehr dünn mit Öl ausstreichen, die Creme hineinfüllen und im Kühlschrank erstarren lassen. Kurz vor dem Servieren die Form wenige Sekunden in heißes Wasser tauchen, dann den Pudding auf einen Teller stürzen.
Dazu schmeckt gut Mangosauce (Rezept s. u.).

Mangosauce

2 Mangos
100 ml Weißwein
2 EL Puderzucker oder Honig
Zitronensaft

Mangos schälen das Fruchtfleisch vom Kern lösen, dabei den Saft auffangen. Fruchtfleisch und -saft mit Weißwein, Puderzucker und Zitronensaft nach Geschmack pürieren. Schmeckt gut zu fritierten Bananen, Eiscremes, Sorbets und Pfannkuchen.

Exotische Früchte-Grütze

Für 4–5 Personen

1 Mango
1 kleine Ananas
2 Passionsfrüchte
1 Sternfrucht
200 ml Weißwein
60 g Zucker
Saft von 1 Zitrone
25 g Speisestärke
200 ml Apfelsinensaft, frisch gepresst

Das Fruchtfleisch von Ananas und Mango würfeln. Weißwein, Zitronensaft und Zucker zum Kochen bringen, Mango und Ananaswürfel darin kurz kochen. Speisestärke mit Apfelsinensaft vermischen, unter Rühren in den Topf gießen und kurz aufkochen. Fruchtfleisch der Passionsfrüchte sowie in Scheiben geschnittene Sternfrucht dazugeben. Grütze sofort in eine Schüssel oder in Portionsschalen füllen und abkühlen lassen. Gut schmeckt dazu Schlagsahne, Joghurt oder Vanilleeis.

Kalte exotische Fruchtsuppe

1 Papaya
1 Kaki
1 Mango
Saft von 1 Zitrone
Saft von 1 Apfelsine
1/2 Netzmelone oder 1/2 Honigmelone
1 Kiwi
1 Sternfrucht
Honig
Minze

Papaya, Kaki und die Hälfte der Mango pürieren, mit Honig abschmecken, restliche Mango und Kiwi würfeln, Sternfrucht in Scheiben schneiden und alles vermischen. Eventuell mit Zitronensaft abschmecken. Mindestens 2 Stunden kühlen. Mit Minzeblättchen bestreut servieren.

Kaki-Mousse auf Kakipüree

600 g Kakipüree (ca. 4–5 Früchte)
1/8 l Zitronensaft (ca. 4 saftige Zitronen)
6 EL Orangenlikör
50 g Puderzucker
4 Blatt weiße Gelatine
1/4 l Sahne

Für das Kakipüree die Kakis häuten, Stielansatz entfernen und durch ein Sieb streichen. Zitronen auspressen. Die Hälfte des Pürees abnehmen, mit 6 EL Zitronensaft und dem Orangenlikör vermischen, kühl stellen. Für die Kakimousse Puderzucker und restlichen Zitronensaft unter das restliche Püree rühren. Gelatine einweichen, tropfnass unter ständigem Rühren bei milder Hitze auflösen, sofort unter das gesüßte Püree rühren, kühl stellen. Sahne steif schlagen und unterheben, sobald das Püree zu gelieren beginnt. 2–3 Std. in den Kühlschrank stellen. Mit einem Löffel Portionen abstechen und auf dem Püree anrichten. Eventuell mit leicht gerösteten Kokosflocken garnieren.

Scharfes Mango-Chutney

1 kg unreife Mangos, gewürfelt
1 Limone
2 frische, rote Chilies
400 ml Weißwein oder Apfelessig
250 g hellbrauner Zucker
1/2 TL Salz
1/2 EL Kardamomsamen, zerstoßen
1 TL Koriandersamen, zerstoßen
1/4 TL Safran

Limone vierteln, in dünne Scheiben schneiden, Chilies entkernen und fein würfeln, zusammen mit Mangowürfeln und Essig 15 Min. kochen. Zucker, Salz und Gewürze zugeben und alles 50–60 Min. bei niedriger Hitze köcheln lassen. In heiße sterilisierte Gläser füllen verschließen und kühl aufbewahren. Ca. 1 Monat durchziehen lassen.
Schmeckt gut zu Reisgerichten und Curries.

Papaya-Melonen-Salat mit Passionsfruchtsauce

Für 4–6 Personen

Für die Sauce das Fleisch der Passionsfrucht zusammen mit Zucker, Apfelsinen- und Zitronensaft, Sternanis und Weißwein ca. 5 Min. köcheln lassen und dann durch ein Sieb abgießen. Papayas halbieren, Kerne entfernen, schälen und das Fruchtfleisch würfeln. Melonen halbieren, Kerne entfernen und mit einem Kugelausstecher Kugeln auslösen. Sternfrucht in dünne Scheiben schneiden. Sauce über die Früchte gießen und 1–2 Std. marinieren. Mit Minze garniert servieren.

2 Papayas, ca. 400 g
1/2 kleine Honigmelone
1/2 kleine Netzmelone
1 Sternfrucht
2 Kiwis

Sauce:
2 Passionsfrüchte
50 g Zucker oder Honig
Saft von 1 Apfelsine
Saft von 1 1/2 Zitronen
1 Sternanis
100 ml Weißwein
Minze zum Garnieren

Sternfrucht-Paprika-Salat

4 Portionen

Zwiebel und Sternfrüchte in dünne Scheiben, Paprika in feine Streifen schneiden. Vinaigrette aus Apfelsinensaft, Limonensaft, Olivenöl, Chili, Salz, Pfeffer und Kräutern herstellen. Sternfrucht, Zwiebel und Paprika damit übergießen und mindestens 2 Std. durchziehen lassen. Vor dem Servieren nochmal abschmecken und Feldsalat und Rucola untermischen.

2 Sternfrüchte
1 rote Paprika
2 gelbe Paprika
1 kleine, rote Zwiebel
1 Bund Rucola
100 g Feldsalat

Vinaigrette:
Saft von je 1 Apfelsine und Limone
4 EL Olivenöl
1 rote Chili, fein gehackt
5 Zitronenblätter oder 1/2 Bund Zitronenmelisse, fein geschnitten
1/2 TL Honig
Salz und Pfeffer

Schwarze Bohnen-Papaya-Salat

4 Portionen

Bohnen waschen, in einem Topf mit ausreichend Salzwasser geben, so dass die Bohnen bedeckt sind, zum Kochen bringen und dann mindestens 8 Stunden quellen lassen. Kräuter zusammenbinden, in den Topf geben, eventuell etwas Wasser nachfüllen und die Bohnen 30–40 Min. weich, aber nicht matschig kochen. Gut abtropfen lassen. Olivenöl, Zitronensaft, Honig, Senf, Zwiebel, Knoblauch, Salz und Pfeffer zu einer Vinaigrette schlagen, die noch lauwarmen Bohnen dazugeben und gut vermischen. Papaya und Tomatenwürfel untermischen. Mit gehacktem Basilikum bestreut servieren.

250 g getrocknete schwarze Bohnen
2 Lorbeerblätter
1 Bund Salbei
2 Fleischtomaten, gewürfelt
2 reife Papayas, ca. 600 g, gewürfelt
1 Bund Basilikum

Vinaigrette:
5 EL Olivenöl Extra Vergine
Saft von 1/2 Zitrone
1/2 TL Honig
1 TL Senf
1 mittlere rote Zwiebel, fein gewürfelt
2 Knoblauchzehen, durchgepresst
Salz, Pfeffer aus dem Mörser

FEIGEN

Unter einem Feigenbaum, dem sogenannten Bodhibaum, soll Buddha die Erleuchtung erlangt haben. Und nicht nur deshalb gilt er bei vielen Völkern als heiliger Baum.

Ohnehin ist der Feigenbaum, der manchmal auch nur so groß wie ein Strauch ist, eine interessante Pflanze. Es gibt rein weibliche und rein männliche Feigenbäume, und nur die weiblichen tragen Früchte. Die männlichen hingegen sind der Wohnort einer bestimmten Wespenart, die die männlichen Blütenpollen zu den weiblichen trägt und sie befruchtet. Ebenfalls eine Seltenheit unter den Früchte tragenden Pflanzen: Der Feigenbaum blüht bis zu dreimal im Jahr.

Ursprünglich stammt der Feigenbaum aus dem Orient und ist heute eine typische Pflanze des Mittelmeerraumes.

Von Juni bis November ist Hauptsaison in Europa, die meisten der süßen Früchte kommen aus Griechenland, der Türkei, Spanien, Italien und aus Südfrankreich zu uns.

Feigen können grün, gelb und grünrosa bis dunkelviolett sein. Das Fruchtfleisch im Inneren mit den zahlreichen Kernchen – die die eigentlichen Früchte sind – ist rosa bis rötlich, schmeckt süß und aromatisch, ist weich und sehr saftig.

Feigen sind sehr druckempfindlich und werden daher einzeln verpackt und nebeneinander gelagert. Meist werden sie auch stückweise und nicht nach Gewicht verkauft.

Neben wertvollem Fruchtzucker enthalten Feigen reichlich Mineralstoffe wie Calcium, Magnesium, Phosphor und Eisen.

Vor dem Essen werden Feigen vorsichtig gewaschen. Die Schale – die auch nur ganz selten dick und hart ist – kann man mitessen, viele mögen die süßen Früchte aber lieber geschält. Dazu beide Enden kappen und die Frucht der Länge nach vierteln. Nun vom spitzen Ende aus das Fruchtfleisch mit einem kleinen Messer direkt an der Schale abschneiden. Aber, wie gesagt: nötig ist das nicht, und wie in jeder Frucht sitzen auch bei der Feige wichtige Inhaltsstoffe in oder direkt unter der Schale.

Wie so viele andere süße Früchte schmecken auch Feigen besonders gut mit pikanten Beigaben wie würzigem Käse oder auch kräftigem Schinken. Außer den frischen werden vor allem getrocknete Früchte verkauft, Konserven sind nicht zu empfehlen, da sie ausgesprochen süß und somit nur ganz wenig aromatisch schmecken.

Feigentarte mit Mandelcreme

200 g Mürbeteig, Rezept s. S. 140
80 g flüssiger Honig
50 g gemahlene Mandeln
1 EL Stärkemehl
2 Eier
1 Vanilleschote
80 ml Sahne
30 g Butter
4–5 Feigen, geviertelt
Puderzucker

Mürbeteig ausrollen, damit den Boden einer 23-cm-Springform belegen und zusammen mit den Teigresten für den Rand 30 Min. kühl stellen. Vanillemark auskratzen. Gemahlene Mandeln und Stärkemehl mischen, Honig, Eier und Vanillemark zufügen und alles gründlich verrühren. Sahne zum Kochen bringen, unter ständigem Rühren in die Eiermischung gießen. In den Topf zurückgeben und unter Schlagen zum Kochen bringen. Vom Herd nehmen, leicht abkühlen lassen, Butter einrühren. Den Teigboden bei 200° C 8–10 Min. vorbacken, abkühlen lassen. Rand ansetzen, Vanillecreme auf den Boden streichen, Feigenviertel dicht nebeneinander daraufsetzen. Leicht mit Puderzucker bestäuben. Bei 180° C 30–40 Min. backen.
Vor dem Servieren gut abkühlen lassen.

Gebackene Feigen

8–12 Feigen
100 g Butter
4 EL flüssiger Honig
Saft und abgeriebene Schale von 1 unbehandelten Zitrone
8 Kardamomkapseln
2 Lorbeerblätter

Kardamomsamen aus den Kapseln lösen und im Mörser zerstoßen. Feigen vierteln, aber nicht vollständig, so dass sie am Boden noch zusammenhalten, dann dicht nebeneinander in eine Gratinform setzen. Butter in einer Pfanne erhitzen, Kardamom zufügen, vom Herd nehmen, Honig und Zitronensaft einrühren, Mischung über die Feigen gießen. Feigen mit Zitronenschale bestreuen, Lorbeerblätter dazwischenstecken. Bei 180° C 15–20 Min. backen. Lauwarm servieren, Crème Fraîche schmeckt gut dazu.

Süße Feigenpizza

175 g feines Vollkornmehl
1 EL Honig
1 TL Trockenhefe
1/2 EL weiche Butter
1 Prise Salz
100 ml lauwarmes Wasser
5 große Feigen, geachtelt
abgeriebene Schale von 1 kleinen, unbehandelten Zitrone
Saft von 1/2 Zitrone
30 g Mandelblättchen
3 Salbeiblätter, in Streifen geschnitten
35 g Butter
3 EL Zucker

Hefeteig herstellen (Rezept s. S. 140). Teig 2–3 Stunden gehen lassen. Eine 30-cm-Pizzaform buttern und mit ausgerolltem Teig belegen, 15 Min. gehen lassen.
Mit Mandelblättchen bestreuen, Feigenstücke draufsetzen, mit Zitronenschale und Salbei bestreuen. Butter in einer Pfanne erhitzen, Zucker zugeben, leicht karamellisieren lassen, Zitronensaft zufügen und verrühren, über die Feigen gießen. Pizza bei 190° C 20–25 Min. backen. Lauwarm mit Crème Fraîche servieren.

Feigen-Fenchel-Salat

8 Feigen, gewaschen
300–400 g Knollenfenchel mit Grün
1 Römersalat
1 kleine, weiße Zwiebel

Vinaigrette:
200 ml Olivenöl Extra Vergine
Saft von 1/2 Zitrone
1/2 TL flüssiger Honig
Salz, Pfeffer aus dem Mörser

Zwiebel und Knollenfenchel in sehr feine Streifen schneiden. Feigenstiele entfernen, Feigen halbieren und dann in Scheiben schneiden. Vinaigrette herstellen, mit Fenchel, Feigen und Zwiebeln mischen und gut 1 Std. durchziehen lassen. Salatblätter auf 4 Teller verteilen, die Fenchel-Feigen-Mischung daraufsetzen und mit Fenchelgrün bestreut servieren.

GRANATÄPFEL

Schon die Blüte ist so vollendet schön, dass sie als Symbol der Liebe galt, und der Granatapfel selbst nicht zuletzt seiner zahlreichen Kerne im Inneren wegen als Fruchtbarkeitssymbol.

Heimisch ist der knorrige und immergrüne Baum oder Strauch mit den begehrten Früchten von Vorderasien bis zum Himalaja, wird heute aber auch in Spanien, Italien, Griechenland und auf den Kanarischen Inseln angepflanzt. In Spanien ist nicht nur die Provinz Granada nach ihm benannt, auch das Staatswappen ziert ein Granatapfel.

Die runden roten, orangefarbenen oder auch grünen Granatäpfel werden etwa 500 g schwer und haben eine feste Schale, die das Fruchtfleisch im Inneren schützend umgibt. So fest sogar, dass die reifen Früchte bis zu einem Vierteljahr haltbar sind.

Im Handel werden die Granatäpfel stückweise verkauft, vor allem im Herbst und Winter sind sie auf größeren Märkten und in gut sortierten Obst- und Gemüsegeschäften eigentlich immer zu haben.

Bricht man die reifen Früchte auf – lässt man sie am Baum ausreifen, tun sie das von selbst –, kommen zahlreiche, von einer roten, saftigen und hocharomatischen Masse umhüllte Samenkerne zum Vorschein – und zwar in mehreren Kammern, die durch weißliche Trennwände unterteilt sind. Und an diese rotumhüllten Kerne gilt es heranzukommen, und zwar möglichst ohne sie zu beschädigen. Dazu schneidet man am Kelch, der wie eine etwas lädierte Krone aussieht, mit einem Sägemesser einen Keil heraus. Dann den Granatapfel über eine Schüssel halten, damit auslaufender Saft und Kerne aufgefangen werden können, und die Schale mit etwas Druck auseinander brechen. Wer auf die Kerne Wert legt, trennt sie zwischen den Trennhäuten heraus. Beim Essen kann man dann entscheiden, ob man nur das rote Fruchtfleisch quasi ›aussaugt‹ und die weißen Samenkerne ausspuckt, oder ob man sie mitisst. Vor allem zarte Kerne stören überhaupt nicht!

Wer Saft möchte, presst die Hälften vorsichtig in der Zitruspresse aus. Und der Saft muss dann noch gesiebt werden, damit keine Trennwandstücke mehr drin sind, denn die schmecken bitter. Aus einer Frucht bekommt man übrigens gut eine halbe Tasse Saft und Kerne.

Statt roh, kann man Granatäpfel auch in Form von Sirup kaufen. Der Grenadine-Sirup wird vor allem zur Herstellung der Grenadine verwendet, das ist Sirup mit Sekt oder Mineralwasser.

Marinierte Granatapfelkerne

3 große Granatäpfel
1 unbehandelte Zitrone
80 g Zucker oder Honig
60 ml Grand Marnier

Granatäpfel am Stielansatz quadratisch einschneiden, Stielansatz herausziehen und Granatäpfel aufbrechen, Kerne auslösen. Zitronenschale abreiben, Saft auspressen, beides mit Zucker und Grand Marnier vermischen bis sich der Zucker aufgelöst hat, Granatapfelkerne unterrühren. Mindestens 1 Std. gekühlt durchziehen lassen. Schmeckt sehr gut zu Eiscremes, Joghurt und Crêpes.

Granatapfel-Sorbet

Für 6–8 Portionen

6–7 Granatäpfel
125 ml Orangensaft
100 g flüssiger Honig
Saft von 1 Zitrone

Granatäpfel auspressen (ergibt etwa 3/4 l Saft). Orangensaft, Honig und Zitronensaft zugeben, gründlich verrühren und in der Eismaschine gefrieren lassen, oder im Gefrierfach (Anleitung s. S. 140).

Möhren-Granatapfel-Salat

1 Granatapfel
1 kg Möhren, geraspelt
20 g frischer Ingwer, fein gerieben
Saft von 1/2 Zitrone
1 Apfelsine, unbehandelt
1 EL flüssiger Honig
5 EL Olivenöl
Salz und Pfeffer
1 EL Minze, fein geschnitten

Apfelsinenschale abreiben, Saft auspressen und beides zusammen mit Zitronensaft, Ingwer, Honig, Salz, Pfeffer und Olivenöl verrühren, unter die Möhren mischen, 1–2 Std. ziehen lassen. Kurz vor dem Servieren Granatapfel aufbrechen, Kerne auslösen und zusammen mit der Minze unter die Möhren mischen.

Rucola-Granatapfel-Risotto

4 EL Olivenöl
400 g Risottoreis
5 Schalotten, fein gewürfelt
2 Knoblauchzehen, fein gehackt
200 ml Weißwein
1 l Hühnerbrühe
300 g Rucola, grob zerschnitten
3 EL Parmesan, frisch gerieben
1 Granatapfel, Kerne ausgelöst
2 EL Butter
Salz, Pfeffer aus dem Mörser
Parmesan zum Servieren

Brühe erhitzen. Öl in einem schweren, emaillierten Topf erhitzen, Schalotten und Knoblauch darin glasig dünsten, Reis zugeben und ebenfalls glasig werden lassen, dabei rühren. Rucola zufügen und mit dem Reis vermischen, dann den Wein angießen und einkochen lassen. Mit heißer Brühe auffüllen, kochen und rühren, bis der Reis die Flüssigkeit aufgesogen hat. Wieder etwas Brühe angießen und Vorgang wiederholen, bis die Brühe verbraucht und der Reis gar ist. Butter und Granatapfelkerne unterrühren, mit Salz und Pfeffer abschmecken. Topf vom Herd nehmen, Parmesankäse zufügen und sofort servieren.

GRAPEFRUITS

Süß, sauer und ein bisschen bitter zugleich? Die Grapefruit macht's möglich und sorgt für gemischte Gefühle: erfrischt und belebt, ist aber auch sehr säuerlich mit einem leichten Bitterton. Wer trotzdem zugreift, wird belohnt: Der leicht herbe Geschmack wird mit jedem Bissen milder.

Unterschieden werden gelb-, rosa- und rotfleischige Sorten, wobei gilt: je röter desto milder. Gelbe und rosafarbene sind äußerlich kaum zu unterscheiden, gelegentlich findet man auf der Schale der rosafleischigen eine leicht rotschimmernde Färbung. Die mit dem roten Fleisch haben hingegen auch eine rötliche Schale. Übrigens ist die Färbung der Schale eine Reaktion auf niedrige Temperaturen. In den Tropen sind Grapefruits grün.

Obwohl mal so mal so genannt, sind Grapefruit und Pampelmuse nicht das Gleiche. Mit einem Durchmesser von 10–15 cm ist die Grapefruit kleiner, hat außerdem eine dünnere und feinporige Schale. Und sie ist sehr saftig. Die Pampelmuse hingegen kann bis zu 6 kg auf die Waage bringen, ist nicht so saftig und hat im Verhältnis zum Fruchtfleisch eine ziemlich dicke Schale. Wahrscheinlich ist die Grapefruit eine Zufallskreuzung zwischen Orange und Pampelmuse. Sie wächst an 2–5 m hohen Bäumen, die Früchte hängen wie Trauben dicht nebeneinander an den Zweigen, daher auch der Name: Traubenfrucht.

Obwohl die Grapefruit überall dort wächst, wo auch Zitronen und Orangen angebaut werden, liegt der Schwerpunkt in den USA und in Israel.

Vor allem in den Wintermonaten versorgt uns die Grapefruit wie die kleineren Artgenossen Orange, Mandarine und Zitrone mit wichtigen Inhaltsstoffen. Im Vitamin-C-Gehalt stehen alle vier etwa auf einer Stufe, die Grapefruit ist darüber hinaus reich an Pektin – einem Cholesterinsenker –, Flavonoiden und die roten auch an Lykopin, dem man eine krebsverhindernde Wirkung nachsagt. Auf nüchternen Magen gegessen, wirkt die Grapefruit verdauungsfördernd und darmreinigend. Und noch ein Plus: Sie lässt sich sehr lange lagern – an einem kühlen Ort, aber nicht im Kühlschrank, bis zu drei Monate.

Und wie isst man sie nun am Besten? Die Frucht wird quer durchgeschnitten, dann zwischen den Häutchen in die einzelnen Segmente oder Filets geteilt. Zum Schluss schneidet man mit einem Messer mit biegsamer Klinge – es gibt dafür sogar spezielle Grapefruitmesser – rundherum am Fruchtfleisch entlang. Jetzt lassen sich die Segmente einzeln rauslöffeln.

Grapefruit-Blätterteig-Tarte

400 g Blätterteig
2 Grapefruits
125 g Marzipan
50 g gemahlene Mandeln
1 Eigelb
1 1/2 EL Orangenmarmelade

Blätterteig dünn ausrollen, damit einen 26-cm-Springformboden belegen. Teigreste in Streifen schneiden und damit in zwei Schichten einen Rand um den Boden legen, die Unterseite jeweils mit Eigelb bestreichen. Teigboden mindestens 30 Min. im Kühlschrank ruhen lassen. Grapefruits abschälen, auch die weiße Innenhaut, Filets zwischen den Trennhäuten auslösen, dabei den Saft auffangen. Resthäute mit der Hand auspressen. Den Saft mit der Marmelade zu Sirup einkochen. Mandeln ausstreuen und darüber Marzipan dünn ausrollen, eine runde Scheibe ausschneiden. Kuchenblech auf die mittlere Schiene setzen, Backofen auf 200° C vorheizen. Marzipanscheibe auf den Teigboden legen, Grapefruitfilets darauf verteilen, mit Sirup begießen, Teigrand mit Eigelb bestreichen und im Backofen auf dem heißen Blech 20–25 Min. backen, bis der Rand leicht gebräunt ist.
Lauwarm mit Schlagsahne servieren.

Grapefruit-Sorbet

Für 6 Personen

1/2 l Saft von 2 gelben und 1 rosa Grapefruit
150 g flüssiger Honig
Saft von 1 Zitrone
Saft von 1 Apfelsine
100 ml Campari

Honig mit dem Saft auflösen, Campari zugeben und alles in der Eismaschine 20–30 Min. gefrieren lassen oder 30 Min. im Tiefkühlfach(Anleitung s. S. 140).

Grapefruits in Kardamomsirup

5 Grapefruits (2 gelbe, 3 rote)
1 unbehandelte Orange
80 g Zucker
Samen von 6 Kardamomkapseln
2 TL Speisestärke

4 Grapefruits schälen, dabei die weiße Innenhaut vollständig entfernen. Die Filets zwischen den Trennhäuten herausschneiden und im Sieb abtropfen lassen, Restsaft mit der Hand auspressen, Saft auffangen. Orange sorgfältig waschen, Schale mit dem Zestenschneider in dünnen Streifen abschälen, Saft auspressen. Saft einer Grapefruit auspressen. Speisestärke in etwas Saft anrühren. Zucker in einem Topf goldbraun schmelzen, zerstoßenen Kardamom und die Streifen der Orangenschale zugeben und mit dem Saft ablöschen. Speisestärke zugeben und alles 5-10 Min. einkochen. Etwas abkühlen lassen und dann die Grapefruitfilets in den Sirup geben. Schmeckt gut zu dünnen Crepes, Waffeln und Joghurt.

Grapefruit-Chicorée-Salat mit Seeteufel

2 rosa Grapefruits
1/2 kg Seeteufelfilets
4 Chicorée
1 Avocado

Vinaigrette:
2 EL Walnussöl
2 EL Olivenöl Extra Vergine
1/2 Zitrone
1 TL Honig
1/4 TL frisch geriebener Ingwer
Salz, Pfeffer aus dem Mörser

Eine Vinaigrette aus Öl, Zitronensaft, Honig, Ingwer, Salz und Pfeffer herstellen. Grapefruit, auch die weiße Innenhaut, abschälen und die Filets zwischen den Trennhäuten herauslösen. Dabei den Saft auffangen und in die Vinaigrette geben. Fischfilets in der Pfanne kurz braten, in Scheiben schneiden und mit den Grapefruitstückchen in die Vinaigrette geben. 30 Min. ziehen lassen. Chicorée zerteilen, Avocado schälen, Kern entfernen, in dünne Scheiben schneiden und zusammen auf 4 Tellern anrichten, sofort mit der Sauce beträufeln, Fisch und Grapefruitstücke darauf verteilen.
Dazu Weißbrot servieren.

KIWIS

In Erdlöchern ist er zu Hause, er hat keine Flügel und ist dennoch ein Waldvogel: der Kiwi-Kiwi, das Wappen- und Nationaltier Neuseelands. Ihm hat die Kiwifrucht ihren Namen zu verdanken, wenngleich sie ursprünglich nicht aus Neuseeland, sondern aus China und Taiwan stammt.
Bis vor wenigen Jahren kamen die meisten Kiwis tatsächlich aus Neuseeland zu uns, inzwischen gibt es aber auch in Italien, Frankreich und Griechenland bedeutende Anbauflächen.
Die Kiwi ist das ganze Jahr über im Angebot, sie ist unempfindlich beim Transport und lässt sich relativ lange lagern. Meist werden Kiwis noch hart verkauft, sie reifen aber bei Zimmertemperatur gut nach, besonders, wenn man sie zusammen mit Äpfeln in die Obstschale legt, die ein Gas (Äthylen) verströmen, das die Reife beschleunigt. Genau richtig zum Essen sind sie, wenn sie auf leichten Fingerdruck nachgeben.
Die Kiwi gehört zu den Beerenfrüchten und wächst an rankenden strauchartigen Pflanzen. Wie Trauben hängen die Früchte daran, je mehr die Pflanze trägt, desto kleiner geraten die Kiwis, die ohnehin selten schwerer als 100 g werden. Die dünne Schale, die das feinsäuerliche und aromatische Fleisch umgibt, ist rauh und trotz der Dünne so hart, dass sie die Frucht lange Zeit vor dem Austrocknen schützen kann.
Roh schmecken die feinen Früchte am Besten, erinnern an eine Mischung aus Stachelbeeren, Melone und Erdbeeren.
Die Kiwis – am Besten schmecken sie übrigens gekühlt – einfach durchschneiden und auslöffeln oder aber schälen und in Scheiben schneiden. Das harte Mittelstück am Stielansatz dabei herausschneiden. Die kleinen schwarzen Samenkörner isst man jedoch mit.
Von den Inhaltsstoffen her hat die Kiwi viel zu bieten: sehr viel Vitamin C und E, reichlich Kalium, Calcium und Eisen und Proleolytsäure, die den Cholesterinspiegel im Körper senken hilft.
Und noch einen besonderen Stoff enthält die Kiwi: das eiweißspaltende Enzym Actinidin. Es bewirkt, dass Kiwis, die man mit Milchprodukten, beispielsweise im Müsli mischt, bitter schmecken, und es ist auch verantwortlich dafür, dass Cremes und Gelees mit Gelatine und Kiwis nicht fest werden. Das kann man jedoch leicht umgehen: Die Kiwis nach dem Schälen kurz mit heißem Wasser übergießen und etwas ziehen lassen. Durch die Hitze verliert das Enzym seine Wirkung.

Kiwi-Passionsfrucht-Pawlowa

4 Eiweiß, zimmerwarm
200 g Puderzucker, gesiebt
2 TL Stärkemehl
1 TL Apfelessig
250 ml Sahne
2 TL Vanillezucker, Rezept s. S. 140
2 EL Zitronensaft
50 g Zucker
2 Passionsfrüchte
4 Kiwis

Eiweiß mit 1 Prise Salz halbsteif schlagen, die Hälfte des Puderzuckers zufügen, weiterschlagen, dann die zweite Hälfte zugeben und schlagen, bis der Eischnee glänzt. Apfelessig und Stärkemehl unterrühren. Backblech mit Backpapier auslegen und die Masse kreisförmig, 23 cm Durchmesser, draufstreichen oder mit einen Spritzbeutel und großer Tülle auf das Papier spritzen, dabei eine Art Teller formen. Bei 130° C 1 1/4–1 1/2 Std. im Backofen trocknen. Zum Abkühlen im Backofen lassen. Sahne mit Vanillezucker steif schlagen. Passionsfruchtfleisch auskratzen, mit Zitronensaft und Zucker abschmecken. Kiwis schälen und in Scheiben schneiden. Sahne auf dem Baiserboden verteilen, Kiwischeiben drauflegen und mit der Passionsfruchtsauce übergießen. Sofort servieren.

Kiwis mit Kokos-Baiserhaube

4–5 Kiwis
2 Eiweiß
1 Eigelb
50 g Puderzucker, gesiebt
1 EL Mehl, gesiebt
40 g Kokosraspel

Kiwis schälen, in Scheiben schneiden und damit den Boden eine 23-cm-Gratinform auslegen. Eiweiß steif schlagen, Puderzucker zugeben, weiterschlagen, bis das Eiweiß glänzt. Zuerst das Eigelb zügig unterrühren, dann das Mehl und die Kokosraspel. Creme auf die Früchte streichen, bei 140° C 40–50 Min. backen, bis die Haube goldbraun ist.
Abkühlen lassen.

Kiwi-Birnen-Sorbet

500 g Kiwis
1 reife Birne
100 g Honig
Saft von 1/2 Zitrone
Saft von 1 Apfelsine

Birne schälen, entkernen und in grobe Stücke schneiden, sofort mit Zitronensaft beträufeln. Kiwis schälen, den harten weißen Stengelansatz entfernen, in große Stücke schneiden. Birnen und Kiwis mit Honig und Apfelsinensaft pürieren. 20–25 Min. in der Eismaschine gefrieren lassen oder im Tiefkühlfach (Anleitung s. S. 140).

Kiwis in Ingwersirup

2 Passionsfrüchte
75 g Quittengelee
2 EL Zucker
200 ml Apfelsaft
1 Stück frischer Ingwer, gerieben
1 unbehandelte Zitrone
8 Kiwis
1 Sternfrucht
Minze oder Zitronenmelisse zum Garnieren

Gelee, Zucker, Ingwer, Zitronensaft, Zitronenschale und Apfelsaft in einem Topf zum Kochen bringen, ca. 2 Min. köcheln lassen, dabei umrühren, bis sich Zucker und Gelee aufgelöst haben. Passionsfruchtfleisch unterrühren, gut abkühlen lassen. 2 Kiwis pro Portionsschale schälen und in Scheiben schneiden. Sternfrucht ebenfalls in Scheiben schneiden und auf den Schalen verteilen, mit Ingwersirup begießen und mit Minzeblättchen dekorieren.
Schmeckt gut mit Vanilleeis, Crêpes oder Joghurt.

Kiwi-Fruchtsauce

500 g Kiwis
2 EL Zitronensaft
2 EL Honig
100 ml Weißwein oder Wasser

Kiwis schälen, grob zerschneiden. Mit Zitronensaft, Honig, Weißwein oder Wasser pürieren. Mit Zitronensaft und Honig abschmecken. Schmeckt gut zu Pfannkuchen, Eiscremes und zu frittierten Bananen.

MANDARINEN

Wie ein riesiger Familienclan mutet die Gruppe der Mandarinen an: unüberschaubar viele Mitglieder mit den unterschiedlichsten Beziehungen zueinander. Die wichtigsten Mitglieder dieses Clans sind Mandarine, Satsuma und Tangerine, die sich aber wieder durch Zufallskreuzungen oder auch beabsichtigte Kreuzungsversuche mit Pomeranzen, Orangen und Grapefruits zusammengetan haben. Lassen wir uns also nicht verwirren von all den Namen, sondern beschränken wir uns auf die wichtigsten, die auch in den Geschäften auftauchen: Mandarinen, Satsumas und Clementinen.

Die Mandarine stammt aus China, Indien und von den Philippinen, sie wächst an immergrünen Sträuchern oder Bäumen und wird früher reif als die Orange. Sie ist abgeflacht und hat eine dünne Schale, die sich zumindest von den reifen Früchten ganz leicht abziehen lässt. Das Fruchtfleisch ist süß und saftig, kräftig orange und aromatisch, und es hat relativ viele Kerne. Die Mandarine enthält Karotin (Provitamin A), viel Vitamin C und so viel Zucker, dass sie eine der süßesten Südfrüchte überhaupt ist. Mandarinen werden im Winter eher spät (also nach Satsumas und Clementinen) verkauft, allerdings lässt das Angebot etwas nach, da die meisten Käufer sich an den vielen Kernen stören.

Satsumas, eine Mutation der Mandarine, stammen wahrscheinlich aus der gleichnamigen Provinz auf der japanischen Insel Kiuschiu. Besonders gut wachsen sie aber in den Mittelmeerländern. Satsumas sehen etwas praller aus als die Mandarinen, sind aber ebenfalls abgeflacht und leicht zu schälen. Das Fruchtfleisch ist ebenfalls süß und saftig, schmeckt aber im Gegensatz zu dem der Mandarinen manchmal etwas wenig ausgeprägt. Dafür enthält das Fruchtfleisch kaum Kerne, höchstens vier (Mandarinen bis zu 25). Die Satsumas sind Anfang Oktober die ersten Zitrusfrüchte, die auf unseren Märkten erscheinen.

Die Clementinen sollen im Garten von Pierre Clement, einem Pater, der in Algerien zu Hause war, durch eine Zufallskreuzung aus Mandarine und Pomeranze entstanden sein. Inzwischen wachsen sie in fast allen Mittelmeerländern, aber auch in Südafrika und in Uruguay. Sie sind kleiner als Mandarinen und Satsumas und haben eine dickere Schale, die sich aber ebenfalls leicht lösen lässt. Clementinen sind noch süßer und weniger säuerlich als Mandarinen, meist aromatischer als Satsumas. Ihr saftiges Fruchtfleisch ist in der Regel kernlos, der eine oder andere Kern kann aber schon mal vorkommen.

Mandarinen-Crème-Brûlée

3 Mandarinen
6 Eigelb
75 g Zucker
600 ml Crème Fraîche
1 Vanillestange, längs halbiert
3 EL Zucker

Backofen auf 150° C vorheizen. Mandarinen schälen, in Stücke teilen und dabei die weiße, bittere Innenschale vollständig entfernen. Fruchtfleisch auf 6 Porzellanformen à 150 ml verteilen. In einer Schüssel Eigelb und Zucker hell und cremig schlagen. Crème Fraîche und Vanillestange zum Kochen bringen, Vanille auskratzen und wieder in die Sahne geben. Alles nochmal kurz aufkochen, dann unter ständigem Rühren langsam in die Eiermischung gießen und schließlich auf die Porzellanformen verteilen. Die Porzellanformen in eine passende Backform setzen, diese 2,5 cm hoch mit warmem Wasser füllen und 30–40 Min. bei 150° C backen. Abkühlen lassen. Danach mindestens noch 1 Std. in den Kühlschrank stellen. Mit je 1/2 EL Zucker bestreuen und unter dem sehr heißen Grill kurz karamellisieren lassen. Sofort servieren.

Mandarinen-Eiscreme

5 Mandarinen (ca. 500 g)
1 unbehandelte Zitrone
200 ml Crème Fraîche
100 ml Joghurt
150 g flüssiger Honig

Mandarinen, auch die weiße Innenhaut, mit einem scharfen Messer abschälen. Fruchtfleisch grob zerschneiden, Kerne entfernen, dabei den Saft auffangen. Fruchtfleisch pürieren und durch ein Sieb streichen. Zitronenschale abreiben, Zitronensaft auspressen und beides zu der Mandarinenmasse geben. Crème Fraîche, Joghurt und Honig zufügen, kurz durchschlagen, abschmecken und in der Eismaschine gefrieren lassen, oder im Gefrierfach (Anleitung s. S. 140).

Clementinen in Obstbranntwein

1 kg Clementinen, unbehandelt
600 g Zucker
2 Vanillestangen
4 Nelken
1 Zimtstange
Saft von 1 Zitrone
150–200 ml Obstbranntwein

1 l Wasser mit Zucker und Gewürzen erhitzen, ca. 5 Min. kochen. Clementinen einige Male mit einer Nadel einstechen, in den Sirup geben und 60–90 Min. zugedeckt auf kleiner Flamme kochen, bis die Clementinen weich sind. Clementinen abtropfen und in ein Glas mit Schraubdeckel legen, das Glas drei Viertel mit Obstbranntwein füllen. Den Sirup um die Hälfte einkochen und in das Glas füllen, Vanillestangen zwischen die Früchte stecken. Glas verschließen und in einem dunklen, kühlen Raum mindestens 3 Wochen stehen lassen.
Gut als Dessert mit Sahne und Vanilleeis oder zu dünnem Pfannkuchen.

Fischfilets in Mandarinensauce

Vorspeise

800 g Fischfilets
10 Schalotten, fein gewürfelt
3 Mandarinen, unbehandelt
1 TL grobes Chili
Butter zum Braten
Salz
2 Zitronenblätter, fein geschnitten

Schale von 2 Mandarinen abreiben. Fisch in mundgerechte Stücke schneiden und in einer Marinade aus dem Saft von 2 Mandarinen, Mandarinenschale und Chili 2 Std. ziehen lassen. Fisch aus der Marinade nehmen, trocken tupfen, salzen, mit Mehl bestäuben und kurz in Butter anbraten, aus der Pfanne nehmen, warm halten. Schalotten mit etwas Butter in der gleichen Pfanne glasig dünsten, mit der Marinade und dem Saft der restlichen Mandarine ablöschen und einkochen, bis die Sauce dicklich wird. Mit Salz abschmecken. Fischstücke kurz in der Sauce wärmen. Mit Zitronenblättern bestreuen. Dazu Weißbrot servieren.

MELONEN

Honig, Zucker oder Wasser? Bei den Melonen ist alles zu finden. Und eigentlich sind alle gar kein Obst, sondern ein Gemüse! Die Zuckermelone stammt aus tropischen und subtropischen Gebieten, wächst mittlerweile aber auch in allen Mittelmeerländern. Von den Zuckermelonen gibt es zahlreiche Sorten, die meist in drei Gruppen eingeteilt werden. Glatte oder Malteser Melonen sind länglich rund mit einer ziemlich glatten Schale, von grün bis ockergelb. Die bekanntesten glatten Melonen sind die Honigmelonen mit dem sehr aromatischen und süßen Fruchtfleisch. Netzmelonen haben, wie der Name schon sagt, eine ausgeprägte Netzstruktur auf der Schale. Ihr Fleisch ist hocharomatisch, diese Melonenart ist nicht lange haltbar und sollte rasch gegessen werden. Die bekannteste ist sicher die Galia-Melone. Die relativ kleinen Cantaloupemelonen sind gerippt, manchmal haben sie sogar sehr ausgeprägte Längsrillen. Ihr Fruchtfleisch ist aprikosenfarben bis rot und hocharomatisch. Von allen Zuckermelonen sind sie die begehrtesten, doch auch am wenigsten lange haltbar, nach der Ernte höchstens eine Woche. Besonders fein sind die Sorten Charentais oder Cavaillon. Alle Zuckermelonen haben im Inneren eine faserige Masse, in die die Samen eingebettet sind. Beides zusammen lässt sich mit einem Löffel ganz leicht entfernen. Zuckermelonen bestehen zu etwa 90 Prozent aus Wasser, haben aber dennoch einen verhältnismäßig hohen Anteil an Karotin (Provitamin A), Vitamin C und den Mineralstoffen Phosphor und Calcium. Zuckermelonen gibt es das ganze Jahr über, Hauptsaison sind jedoch die Sommermonate.

Die Wassermelone ist mit der Zuckermelone verwandt, aber auch mit dem Kürbis. Ebenso wie er kann sie riesengroß werden, bis zu 15 kg und sogar noch schwerer und wird daher auch in Schnitzen, Hälften oder Vierteln verkauft. Die dicke Schale ist hell- bis dunkelgrün, manchmal von Streifen oder marmorartigem Muster durchzogen. Das Fruchtfleisch ist rötlich (wenn es weiß ist, ist die Frucht noch nicht reif), sehr wässrig (bis zu 95 Prozent der Melone besteht aus Wasser) und nicht besonders aromatisch. Die zahlreichen braunen Samen (Kerne) sind überall im Fruchtfleisch verteilt, lassen sich also nicht so leicht entfernen. Entweder man spuckt sie beim Essen aus, oder aber man macht sich mit einem spitzen Messer Schnitz für Schnitz an die Arbeit und löst die Samen heraus. Durch den hohen Wasseranteil ist auch der Gehalt an Vitaminen und Mineralstoffen in der Melone relativ gering. Hauptsaison haben Wassermelonen von Mai bis September. Wer eine ganze Frucht kauft, kann hören, ob sie reif ist: Beim Draufklopfen muss sie hohl klingen.

Melonen-Avocado-Eiscreme

1 mittelgroße Netzmelone
100 g Honig
4 Eigelb
1 Zitrone
1 reife Avocado
3 EL Kirschwasser
1 Becher Crème Fraîche

Melone halbieren, entkernen. Fruchtfleisch auskratzen und mit 50 g Honig 3 Min. weichkochen, dann pürieren. Eigelb mit 50 g Honig schlagen, bis es hell und schaumig ist, dann in das noch warme Melonenpüree rühren, vorsichtig erhitzen, dabei ständig rühren, bis es dicklich zu werden beginnt. Abkühlen. Avocadofruchtfleisch mit dem Saft von 1/2 Zitrone pürieren. Mit Kirschwasser und Crème Fraîche unter die Melonenmasse rühren. Mit dem restlichen Zitronensaft abschmecken. Alles in eine Eismaschine füllen und gefrieren lassen, oder im Gefrierfach (Anleitung s. S. 140). Schmeckt gut zu marinierten Erdbeeren und Melone.

Melonen mit Beeren

6 Portionen

6 kleine, reife Cantaloupemelonen
200 g Erdbeeren, geputzt
200 g Blaubeeren, geputzt
200 g Himbeeren, geputzt
150 ml Portwein
1 EL flüssiger Honig
Minze

Melonen halbieren, entkernen. Das Fruchtfleisch der Melonen mit einem Kugelausstecher auslösen, mit Portwein übergießen und 1 Std. kühl stellen. Große Erdbeeren halbieren oder vierteln und mit Himbeeren, Blaubeeren und Honig mischen, 1 Std. kühl stellen. Melonenkugeln und Beeren mischen, in die ausgehöhlten Melonenhälften füllen, Deckel draufsetzen und nochmal gekühlt 1 Std. durchziehen lassen. Mit Minze garniert servieren.

Kalte Melonensuppe

2 reife Charentaismelonen
3 reife Pfirsische
1 Vanillestange
1-2 EL Honig
1 Becher Joghurt
1 Zitrone
Minze zum Garnieren

Melonen halbieren, entkernen. Kerne in ein Sieb geben und Saft in eine Schüssel ausdrücken. Pro Portion ca. 5 Kugeln aus dem Fruchtfleisch ausstechen. Den Rest des Fruchtfleisches mit 1 Pfirsich, ausgekratztem Vanillemark, Honig, Joghurt und Zitronensaft pürieren. Abschmecken. Restliche Pfirsiche in Spalten schneiden und zusammen mit den Melonenkugeln und der Minze in das Püree geben. Eisgekühlt servieren.

Melonensalat mit Seeteufel

400 g Seeteufelfilets
200 g Wassermelone, ohne Schale
200 g Netzmelone, ohne Schale
200 g Honigmelone, ohne Schale
1 Bund Radieschen
2 Bund Rucola
1 kleiner Römersalat
1 Bund Basilikum
2 EL Butter

Vinaigrette:
8 EL Olivenöl Extra Vergine
Saft von 1/2 Zitrone
1 Gabelspitze flüssiger Honig
1/4 TL Salz
Pfeffer aus dem Mörser

Römersalat, Rucola und Radieschen (auch zarte Radieschenblätter) waschen und trocken schleudern. Melonen und Radieschen in dünne Scheiben schneiden. Vinaigrette zubereiten. Seeteufelfilets in Butter goldgelb braten und auf 4 Teller verteilen. Salatzutaten mit der Vinaigrette mischen und neben dem Fisch auf den Teller geben. Mit Basilikum bestreut servieren. Dazu Weißbrot.

ZITRONEN UND LIMETTEN

Kaum ein Haushalt, wo nicht mindestens eine zu finden ist, so selbstverständlich werden Zitronen in unseren Küchen heutzutage verwendet. Und wer einmal einen echten Zitronenbaum zu Gesicht bekommt, gerät dennoch ins Staunen, trägt er doch Blüten und reife wie auch unreife Früchte zur gleichen Zeit.
Der immergrüne Zitronenbaum, der bis zu 7 m hoch werden kann, mag es nicht kalt, aber auch nicht allzu heiß, am besten gedeiht er im subtropischen Klima. Die meisten unserer Zitronen kommen aus Spanien und aus Sizilien in die Geschäfte.
Zitronen haben eine kräftig gelbe oder auch grünliche Schale, die schön glatt, aber auch sehr grobporig sein kann. Das blassgelbe Fruchtfleisch der Zitrone enthält bis zu 7 Prozent Zitronensäure, ist also ausgesprochen sauer, und viel Vitamin C. So ist heißer Zitronensaft ein bewährtes Mittel gegen Erkältungen.
Will man die Schale der Zitronen mitverwenden, muss man unbehandelte Früchte kaufen und sie trotzdem sehr gut waschen. Das »unbehandelt« als Verkaufsargument bezieht sich nämlich nur auf den Zeitpunkt nach der Ernte. Was zuvor passiert ist, bleibt ein Geheimnis. Wenn man also beispielsweise ganze Zitronen einlegen möchte oder Scheiben davon auf den Kuchen legt, sollte man sie vielleicht besser im Naturkosthandel einkaufen.

Die Farbe der Schale sagt übrigens nichts über den Reifezustand der Zitrone aus, auch reife können grünlich sein, wie zum Beispiel die Zitrone, die aus der letzten Blüte des Baumes hervorgeht. Ein Zeichen für die Reife ist vielmehr der gleichmäßige Glanz der Schale.
Die Limette ist die Zitrone der Tropen und von allen Zitrusarten die kälteempfindlichste. Sie gedeiht deshalb auch nur in den Tropen. Limetten wachsen an kleineren Bäumen als die Zitronen und sind auch an sich kleiner.
Das aromatische Fruchtfleisch der Limette ist grünlich, kernlos und fast doppelt so saftig wie das der Zitrone und etwas milder. Es enthält etwas weniger, aber immer noch viel Vitamin C und die Mineralstoffe Calcium, Kalium und Phosphor.
Limetten sind das ganze Jahr über im Handel, sie sind unreif kräftig grün, reif glänzend wie die Zitronen und hellgrün. Gelbe Früchte sind überreif und sollten nicht mehr gekauft werden. Limetten haben eine viel dünnere Schale als Zitronen und können deshalb nicht ganz so lange gelagert werden. Verwendet werden Limetten übrigens wie Zitronen.

Zitronentarte mit kandierten Zitronenscheiben

300 g Mürbeteig, Rezept s. S. 140
2 große Eier
100 g Honig
150 g gemahlene Mandeln
100 ml Crème Fraîche
4 unbehandelte Zitronen
150 g Zucker

Teig ausrollen und damit den Boden einer 26-cm-Springform auslegen, zusammen mit den Teigresten für den Rand 30 Min. kühl stellen. Eier und Honig schaumig schlagen, Mandeln und Crème Fraîche zugeben, Schale von 3 Zitronen abreiben und mit dem Saft von 2 Zitronen in die Eiermischung geben. Teigboden 10 Min. bei 200° C im Backofen vorbacken, abkühlen lassen, Rand ansetzen. Füllung in die Form gießen, bei 180° C 25–40 Min. goldbraun backen. 1 Zitrone in sehr dünne Scheiben schneiden, Kerne und Endstücke wegwerfen. Zitronenscheiben knapp mit Wasser bedeckt bei niedriger Temperatur 5–10 Min. köcheln lassen. Die weiße Haut der abgeriebenen Zitrone abziehen, dann die Zitrone in dünne Scheiben schneiden und in den Topf geben, 5 Min. sanft kochen. Zitronenscheiben aus dem Topf nehmen, Kochsud erhitzen, Zucker darin auflösen, dann die Zitronenscheiben vorsichtig wieder in den Sud geben und bei niedriger Temperatur 20–30 Min. sehr sanft kochen, damit sich das Fruchtfleisch nicht von der Schale löst.
Die kandierten Zitronenscheiben kurz abtropfen und dann auf dem fertig gebackenen Kuchen verteilen. Sirup einkochen, bis er dicklich wird, dann den Kuchen damit glasieren. Warm oder kalt mit Schlagsahne servieren.

Mandel-Zitronen-Kuchen mit Quark

6–8 Portionen

75 g Mandelblättchen
200 g gemahlene Mandeln
80 g Vollkornmehl
3 unbehandelte Zitronen
200 g weiche Butter
200 g Honig
6 Eigelb
6 Eiweiß
2 EL Vanillezucker, Rezept s. S. 140
300 g abgetropfter Quark

Mandeln und Mehl mischen. Zitronenschale abreiben, Saft auspressen und beides mit dem Quark verrühren. Butter und Honig cremig schlagen, dann zuerst Eigelb nach und nach zugeben und sorgfältig verrühren, dann die Mehl-Mandel-Mischung und schließlich die Quarkmischung unterrühren. Eiweiß steif schlagen, dabei Vanillezucker zufügen, vorsichtig unter den Teig heben. Alles in eine gefettete Springform von 26 cm füllen. Bei 175°C 30–45 Min. backen. Mit einem Holzstäbchen prüfen, ob der Kuchen gar ist. Abkühlen lassen.

Limonen-Zitronen-Pie

4 Limonen oder 4 kleine Zitronen, unbehandelt
200 g Vollkornkekse oder Zwieback
90 g Butter, geschmolzen
5 Eigelb
5 Eiweiß
100 g Zucker oder Honig
60 g Puderzucker
1 Limone zum Dekorieren

Kekse in einem Tuch mit dem Nudelholz zerkrümeln, mit geschmolzener Butter vermischen, dann in eine 26-cm-Springform drücken. Bei 200° C 8–10 Min. im Backofen backen. Schale der Zitronen abreiben, Saft auspressen. Eine Schüssel in einen Topf mit kochendem Wasser hängen, Schüsselboden knapp über dem Wasser, und dann in der Schüssel über dem heißen Wasserdampf die Eigelb mit dem Zucker ca. 10 Min. mit dem elektrischen Mixer schaumig rühren, bis die Creme blassgelb ist. Schüssel aus dem Topf nehmen, Zitronenschale und Saft mit der Creme verrühren. Eiweiß steif schlagen, nach und nach Puderzucker zufügen und weiterschlagen, bis der Eischnee glänzt. Ein Drittel des Eischnees unter die Zitronencreme rühren, dann den Rest unterheben und schließlich alles auf den vorgebackenen Teigboden gießen. Bei 160° C 15–25 Min. backen, gut durchkühlen lassen, eventuell im Tiefkühlfach. Mit Schlagsahne und hauchdünn geschnittenen Limonenscheiben dekorieren.

Zitronen-Curd

Lemoncurd

6 unbehandelte Zitronen
400 g Zucker
150 g Butter
5 frische Eier, geschlagen

Zitronenschale abreiben, Saft auspressen. Schale und Saft in einem Topf erhitzen, Zucker zugeben und auflösen, Butter zufügen und rühren, bis sie geschmolzen ist, dann alles in eine Schüssel geben und die Schüssel in einen Topf mit kochendem Wasser hängen, Schüsselboden knapp über dem Wasser. Eier zugeben und 25–40 Min. unter ständigem Schlagen im Wasserbad garen, bis die Creme dicklich wird. Nicht kochen lassen, sonst gerinnt das Eiweiß. In heiße, sterilisierte Gläser füllen und verschließen. Hält sich im Kühlschrank 2–3 Monate.
Schmeckt gut als Brotaufstrich, als Kuchenfüllung und als Creme, gemischt mit Schlagsahne, zu frischen Beeren oder einfachen Kuchen.

Zitronen-Joghurt-Eis

Saft und Schale von 4 unbehandelten Zitronen
100 g Butter
200 g Honig
5 Eigelb
500 ml Joghurt

Schüssel in einen Topf mit kochendem Wasser hängen, Schüsselboden knapp über dem Wasser. Butter, Honig, Saft und Zitronenschale in die Schüssel geben, rühren, bis die Butter geschmolzen ist. Eigelb dazugeben und alles ca. 15 Min. über dem heißen Dampf aufschlagen. Dann abkühlen lassen. Joghurt unterrühren, in der Eismaschine gefrieren lassen, oder im Tiefkühlfach (Anleitung s. S. 140).

Warmer Zitronenpudding

6–8 Portionen

4 unbehandelte Zitronen
80 g weiche Butter
160 g Honig
4 Eier, getrennt
60 g feines Mehl, gesiebt
80 ml Sahne

Die Schale der Zitronen abreiben und den Saft auspressen. Butter und Honig schaumig rühren, Zitronenschale zugeben, dann Eigelb und Zitronensaft nach und nach unterschlagen, wobei die Creme gerinnt. Mehl zufügen, dann die Sahne. Eiweiß zu Eischnee schlagen, unter die Zitronenmasse heben. Gratinform buttern, Zitronencreme einfüllen und bei 180° C 30–40 Min. in einer halb mit Wasser gefüllten Fettpfanne im Backofen backen. Eventuell die letzten 10 Min. mit Alufolie abdecken.

Zitronen-Pickles

Eingelegte Zitronen

8 unbehandelte Zitronen
Saft von 2 Zitronen
700 g Zucker
3 rote Chilischoten
8 Knoblauchzehen, in Scheiben geschnitten
1 Stück frischer Ingwer, gehackt
300 g getrocknete Aprikosen, gewürfelt
1/4 l Apfelessig
150 g Kumquats, in Scheiben geschnitten

Zitronen achteln, Kerne entfernen. In einem großen Topf Zitronensaft, Zucker, Gewürze, Aprikosen, Kumquats und Essig zum Kochen bringen, dann Zitronenstücke zufügen und bei niedriger Temperatur 1–1 1/2 Std. sanft kochen lassen, bis die Mischung dickflüssig wird, dabei oft umrühren. In heiße Gläser füllen und verschließen. Mindestens 1 Monat durchziehen lassen. Hält sich etwa 1 Jahr. Schmeckt gut zu Fleisch.

Mangold-Zitronen-Risotto

400 g Risottoreis
4 EL Olivenöl
4 Schalotten, fein gewürfelt
4 Knoblauchzehen, fein gehackt
200 ml Weißwein
1 kleine unbehandelte Zitrone
1 l Hühnerbrühe, erhitzt
200 g Blattmangold,
in Streifen geschnitten
2 EL Butter, gekühlt

In einem schweren, emaillierten Topf Öl erhitzen, Schalotten und Knoblauch glasig dünsten, Reis zufügen und unter Rühren ebenfalls glasig werden lassen. Weißwein angießen, einkochen lassen. Zitronenenden abschneiden und wegwerfen. Zitronen in dünne Scheiben schneiden, achteln und zusammen mit dem Mangold zum Reis geben, salzen, alles gut verrühren, mit heißer Brühe auffüllen, weiterkochen und rühren, bis der Reis die Flüssigkeit aufgenommen hat. Wieder Brühe angießen und den Vorgang wiederholen, bis die Brühe aufgebraucht und der Reis gar ist. Die Butter unterrühren und mit Salz und frisch zerstoßenem Pfeffer abschmecken. Schmeckt gut zu Fisch, aber auch als eigenständiges Gericht.

Zitronen-Spaghetti

200 g Spaghetti
1–2 Zitronen
1 unbehandelte Zitrone
150 ml Olivenöl
100 g Parmesan, frisch gerieben
1/2 TL Honig
2 EL Basilikum, frisch gehackt
Salz und Pfeffer

Spaghetti in Salzwasser kochen, abtropfen lassen und in den Topf zurückgeben. Schale der unbehandelten Zitrone abreiben, Zitronensaft auspressen, beides mit Honig, Salz, Pfeffer, Olivenöl und Parmesan verrühren bis eine cremige Sauce entsteht. Nochmal mit Zitronensaft abschmecken. Dann die Sauce zu den Spaghetti in den Topf schütten, vorsichtig vermengen und mit gehacktem Basilikum bestreut servieren.

Makrelen mit Zitronen-Petersilien-Kruste

4 ganze Makrelen
4 Knoblauchzehen
2 große Bund glatte Petersilie
2 unbehandelte Zitronen
2 EL Semmelbrösel
75 g geschmolzene Butter
Salz und Pfeffer

Makrelen salzen und pfeffern, die Bauchlappen mit Zahnstochern zusammenheften. Fische dicht nebeneinander in eine geölte Auflaufform legen. Knoblauchzehen durchpressen Petersilie hacken, Schale der beiden Zitronen abreiben, Saft einer Zitrone auspressen und alles mit Semmelbröseln und geschmolzener Butter, Salz und Pfeffer vermengen, auf den Makrelen verteilen und dabei leicht andrücken. Bei 200°C 15–20 Min. im Backofen backen, bis die Kruste leicht braun wird. Die zweite Zitrone achteln und dazu servieren.

RHABARBER

Eigentlich gehört der feinsäuerliche und aromatische Rhabarber gar nicht zum Obst, sondern zum Gemüse. Allerdings wird er – bis auf wenige Ausnahmen – eher süß als pikant zubereitet.
Vor allem als Heilpflanze hat Rhabarber eine lange Geschichte; in seiner Heimat Asien schätzte man ihn schon vor vielen tausend Jahren als wirksames Arzneimittel: er entgiftet, aktiviert die Zellenenergie und die Muskelfunktion, kräftigt Haut und Haare und beruhigt die Nerven.
Als Gemüse bekamen die fleischigen Stangen erst im 18. Jahrhundert Bedeutung und zwar zuerst in England. Inzwischen wird Rhabarber in allen gemäßigten Klimazonen angebaut, vor allem aber in den Niederlanden, in Großbritannien und in Deutschland.
Im Handel gibt es zahlreiche Sorten, die sich vor allem durch die Farbe des Fleisches unterscheiden. Die meisten Angebote – Hauptsaison aus dem Freiland ist im April und im Mai – findet man an grünfleischigem Rhabarber, feiner im Geschmack ist aber der rotfleischige. Je röter das Rhabarberfleisch übrigens ist, desto weniger Oxalsäure enthält es.
Oxalsäure, die außer im Rhabarber vor allem in Mangold, Spinat, Sauerampfer und roten Beten vorkommt, ist deshalb eine unerwünschte Substanz, weil sie Calcium an sich bindet, das damit für den Körper nicht mehr zur Verfügung steht. Man sollte diese Gemüsesorten deshalb nicht mehr als zwei- bis dreimal wöchentlich essen – Kinder und Menschen mit Nieren- oder Gallensteinen, Rheuma oder Gicht sowie Diabetiker noch seltener.
Übrigens ist die übertriebene Angst vor der hohen Menge an Oxalsäure im Rhabarber eher unbegründet. Es stimmt zwar, dass die Menge der Oxalsäure mit zunehmendem Alter der Stangen höher wird, die meiste Oxalsäure sitzt aber in den Rhabarberblättern, die aus diesem Grund giftig sind und niemals verwendet werden dürfen.
Und man vergisst bei dieser Diskussion gelegentlich, dass Rhabarber ausgesprochen gesund ist: Mit nur etwa 15 kcal pro 100 g enthält er zahlreiche Vitamine, vor allem Provitamin A und B-Vitamine, und Mineralstoffe wie Calcium, Kalium und Eisen. Rhabarber fördert die Verdauung und wirkt blutreinigend.
Vor dem Kochen oder Backen wird Rhabarber gründlich gewaschen und vom Stielansatz befreit. Beim Schneiden merken Sie dann sofort, ob er eine faserige oder harte Schale hat, die man besser abziehen sollte. Übrigens: je feiner und zarter die Stangen, desto besser schmecken sie auch. Beim Kauf muss Rhabarber fest und saftig sein. Und sind die Stangen erst einmal zu Hause, sollte man sie auch möglichst rasch verarbeiten.

Warmer Rhabarberkuchen mit Zimt

4–6 Portionen

- 800 g geputzter, junger Rhabarber
- 1 unbehandelte Apfelsine
- 120 g hellbrauner Zucker
- 1 Prise Salz
- 250 g Mehl
- 1 1/2 TL Backpulver
- 1 TL Zimtpulver
- 100 g Butter, zimmerwarm
- 80 g Honig
- 2 Eier
- 5 EL Crème Fraîche
- 30 g Pinienkerne

Rhabarber in Stücke schneiden, Apfelsinenschale abreiben, Saft auspressen, alles zusammen mit braunem Zucker vermischen und in eine flache, 26-cm-Porzellanbackform füllen. Bei 200° C 15–20 Min. im Backofen backen. Unterdessen Mehl, Salz, Backpulver und Zimtpulver zusammensieben, Butter und Honig schlagen, Eier und Crème Fraîche nacheinander zufügen, alles zu einer glatten Masse schlagen und zügig mit der Mehlmischung verrühren. Über den Rhabarber streichen und mit Pinienkernen bestreuen. Bei 200° C 20–30 Min. den Kuchen goldbraun backen.

Rhabarber-Apfelsinen-Tarte

- 400 g süßer Mürbeteig, Rezept s. S. 140
- 500 g junger Rhabarber
- 175 g Zucker
- 2 kleine Eier
- 1 unbehandelte Apfelsine
- 20 g Stärkemehl
- 1 Eigelb
- Puderzucker

Rhabarberstangen in Stücke schneiden, mit Zucker bestreuen und mindestens 8 Std. Saft ziehen lassen. Mürbeteig dünn ausrollen und damit den Boden einer 26-cm-Springform belegen. Boden und Teigreste 20 Min. kühl stellen. Dann den Boden ca. 10 Min. bei 200° C im Backofen vorbacken. Abkühlen lassen. Rand ansetzen, Restteig in schmale Streifen schneiden, kühl stellen. Eier schlagen, mit der abgeriebenen Apfelsinenschale und dem Stärkemehl vermischen. Apfelsinensaft auspressen, in einem kleinen Topf erhitzen, Eiermischung zugeben und unter ständigem Rühren erwärmen, bis die Sauce anfängt dicklich zu werden. Rhabarber abtropfen lassen, Stücke auf dem Boden verteilen. Rhabarbersirup mit der Sauce vermischen und über den Rhabarber gießen. Teigstreifen gitterförmig darüber legen, am Rand vorsichtig andrücken und mit Eigelb bepinseln. Bei 200° C 30–45 Min. backen bis der Teig goldgelb ist. Mit Puderzucker bestäubt servieren.

Rhabarber-Erdbeer-Kompott mit Ingwer

4–6 Portionen

- 1 kg junger Rhabarber
- 250 g Zucker
- 1/2–1 TL frisch geriebener Ingwer
- 1 Vanillestange
- 1 unbehandelte kleine Zitrone
- 200 g frische Erdbeeren, geputzt

Rhabarber in Stücke schneiden, mit Zucker mischen und mindestens 8 Std. Saft ziehen lassen. Sirup in einen Topf geben und zusammen mit der abgeriebenen Zitronenschale, der längs aufgeschnittenen Vanillestange und dem Zitronensaft zum Kochen bringen, Rhabarberstücke dazugeben und bei niedriger Temperatur kurz kochen, bis der Rhabarber weich, aber noch nicht matschig ist. Vanillestange rausfischen. Erdbeeren in Stücke schneiden, pürieren und unter das Rhabarberkompott mischen. Warm oder kalt servieren, mit Eiscreme, Joghurt oder Sahne. Oder als Füllung für kleine Törtchen verwenden.

Rhabarber-Erdbeer-Creme

- 1 kg Rhabarber
- 300 g Zucker
- 500 g Erdbeeren
- 250 ml Sahne

Rhabarber in Stücke schneiden, in einen Topf geben, Zucker darüberstreuen und den Topf schütteln, bis sich der Zucker gleichmäßig verteilt hat. Zugedeckt 30–40 Min. Saft ziehen lassen. Auf kleiner Flamme kochen, bis der Rhabarber weich, aber nicht matschig ist. Saft abgießen, Fruchtfleisch pürieren, abkühlen lassen. Einige Erdbeeren beiseite stellen, Rest pürieren und mit dem Rhabarber mischen. Sahne steif schlagen, unter das Fruchtmus heben. Mit Erdbeeren garniert servieren.

GRUNDREZEPTE

Biskuitteig

6 Eier, getrennt
120 g Zucker
175 g Mehl, gesiebt
80 g Butter, geschmolzen

Eine Schüssel in einen Topf mit kochendem Wasser hängen, Schüsselboden knapp über dem Wasser. Eigelb und Zucker in die Schüssel geben, schlagen, bis sich die Menge verdreifacht und eine dickliche, cremige Konsistenz hat. Anschließend in einem Kaltwasserbad weiterschlagen, bis sich die Masse abgekühlt hat. Eiweiß zu festem Eischnee schlagen. Mehl, Butter und Eiweiß unter die Eigelb-Zucker-Mischung heben. Teigmasse in eine gebutterte Form füllen und bei 180° C 25–35 Min. backen. Auf einem Kuchengitter abkühlen lassen.

Hefeteig für 1 Blech

500 g Mehl
250 ml Milch
40 g frische Hefe oder 1 EL Trockenhefe
60 g Zucker
50 g Butter
2 Eier
1 Prise Salz

Alle Zutaten auf Zimmertemperatur erwärmen. Milch auf 35–40° C erwärmen, Zucker und Hefe hineingeben, mit 5 EL Mehl zu einem Brei verrühren, etwa 30 Min. gehen lassen. Butter, Mehl, Salz und Eier in eine große Schüssel geben, Hefebrei zufügen und gründlich durchkneten. Abgedeckt an einem warmen Ort 2–3 Std. gehen lassen. Vor dem Ausrollen nochmal gründlich durchkneten.

Süßer Mürbeteig

Für 3 Mürbeteigböden

500 g feines Mehl
50 g Puderzucker
1 Ei
1 Eigelb
250 g kalte Butter
1 Prise Salz
Eiswasser

Mehl und Puderzucker auf die Arbeitsfläche sieben und eine Mulde in die Mitte drücken. Ei und Eigelb hineinsetzen, kleine Butterstückchen ringsherum verteilen. Mit einem großen Kochmesser alles sorgfältig durchhacken, dann mit spitzen Fingern die groben Krümel rasch durchreiben. Falls der Teig zu trocken ist, etwas Eiswasser drübertröpfeln. Teig mit dem Handballen kurz zusammenkneten. Ergibt ca. 930 g Teig, der für 3 Mürbeteigböden von 26 cm Durchmesser incl. Rand reicht. Vor dem Weiterverarbeiten ca. 1 Std. ruhen lassen. Lässt sich gut portionsweise einfrieren.

Eiszubereitung im Gefrierfach

Eismasse im Tiefkühlfach ca. 1 Std. halbfest werden lassen. Dann kräftig durchschlagen, wieder ins Gefrierfach stellen, nach 30 Min. wieder durchschlagen und zurückstellen. Diesen Vorgang noch zweimal wiederholen. Eis vor dem Servieren etwa 30 Min. antauen lassen.

Vanillezucker

1 kg Zucker
3–4 Vanillestangen, längs halbiert

Vanillestangen in ein großes Schraubglas stecken, mit Zucker auffüllen und 1–2 Monate durchziehen lassen. Wenn der Zucker aufgebraucht ist, einfach wieder auffüllen.

VERZEICHNIS ALLER REZEPTE

E

F

G

H

I

J

K